黄埔有故事 ②

见证奇迹

《黄埔有故事——见证奇迹》编委会 编

广州新华出版发行集团
广州出版社

图书在版编目（CIP）数据

见证奇迹 /《黄埔有故事——见证奇迹》编委会编. —广州：广州出版社，2022. 4

（黄埔有故事）

ISBN 978-7-5462-3208-9

Ⅰ. ①见… Ⅱ. ①黄… Ⅲ. ①高技术企业—企业创新—概况—广州 Ⅳ. ① F279.244.4

中国版本图书馆 CIP 数据核字（2021）第 261080 号

书　　名 见证奇迹

JIANZHENG QIJI

出版发行 广州出版社

（地址：广州市天河区天润路 87 号 9 楼、10 楼　邮政编码：510635

网址：www.gzcbs.com.cn）

出 品 人 柳宗慧

责任编辑 叶桂莲　刘雅丽

责任校对 张申申　龚莉莎

装帧设计 广州水石文化发展有限公司

印　　刷 广州市快美印务有限公司

（地址：广州市白云区广从五路 410 号一楼 103 房、二楼、五楼部分

邮政编码：510545）

开　　本 787mm × 1092mm　1/16

印　　张 16.25

字　　数 230 千

版　　次 2022 年 4 月第 1 版

印　　次 2022 年 4 月第 1 次

书　　号 ISBN 978-7-5462-3208-9

定　　价 89.00 元

《黄埔有故事——见证奇迹》

编委会

前言

说起黄埔，人们总是首先联想到黄埔军校、南海神庙等文化符号；而对于广州开发区，人们的印象则是高端智能、日新月异。没错，在黄埔，古韵与新风交融贯通，传统与现代相映成趣：具有千年底蕴的文化滋养历久弥新，乘改革开放的风气之先，黄埔展创新发展的腾飞之翼，创造令人惊叹的“黄埔奇迹”，亦留下了波澜壮阔的黄埔故事。

作为广州实体经济的主战场、科技创新的桥头堡，广州市黄埔区、广州开发区的发展承继古代海上丝绸之路“夷舟蚁泊，奇观萃焉”的光荣历史，不仅成为粤港澳大湾区“湾顶明珠”，多项指数也稳居全国经济开发区第一。

2021 年，广州市黄埔区实现地区生产总值突破 4000 亿元，规上工业总产值达 8700 亿元，上市企业数量等 5 项主要经济指标位居全国开发区第一。

如今，黄埔这片热土已经成为“企业离成功最近的地方”，企业也唱响了“到黄埔去”的时代最强音。“到黄埔去”的口号喊了百年之久，自黄埔军校中走出的中共将领为中华人民共和国成立贡献了极大的力量；如今这个口号被赋予了新的时代内涵，注入了新的生命活力，在厂房林立、引领创新的科技园区中不断回响。广州市黄埔区、广州开发区山明水秀、古迹遍布。依托深厚的文化历史，在现代发展道路上走在全国开发区的前列，实现人文景致与现代科技的天然结合，我们认为这或许正是广州市黄埔区、广州开发区独特魅力之所在。

从一片滩涂山野之地发展至今，很难想象广州市黄埔区、广州开发区是如何蜕变为财税收入过千亿元的“国际创新枢纽、山水生态新城”的。除了世界一流的高新技术企业，广州市黄埔区、广州开发区还活跃着大量专精特新的“小巨人”和“冠军企业”。这些中小企业以小体量释放出万钧力，为开发区经济社会的发展做出了卓越贡献。

文化是社会生产力的重要组成部分，是经济增长的重要推动力，也是民族的血脉和城市的灵魂。当前，经济发展越来越依靠科技创新和人才素质的提高，越来越依赖文化软实力，企业也面临全方位的竞争。千年以前，黄埔人用帆影桨声推开了与世界连接的大门；千年之后，黄埔人依然能够抓住发展机遇，在新时代交出傲人的答卷。身为文化工作者，我们从黄埔的发展奇迹中不仅看到历史的印记，还看到那些闪烁在黄埔故事背后珍贵的人文光辉，更深感文化人服务大局义不容辞的责任与使命。所以，我们要行动起来，真正讲好黄埔故事，为讲好中国故事添砖加瓦。

为企业生产服务，为经济发展赋能，提升城市美誉度和影响力，本就是公共文化的应有之义。立足服务区域经济发展和营商环境的改善，我们将“黄埔有故事”打造成文化品牌，作为区域营商环境文化传播的窗口，让公共文化服务走进各类高新技术企业，创新政企合作方式，搭建新型文化交流平台，吸引了更多优质的企业和人才入驻。

为此，我们推出“黄埔有故事”丛书，继《中小企业能办大事——黄埔样本》之后，本书《见证奇迹》进一步挖掘黄埔区领先发展的中小微民营企业，解析它们发展壮大的腾飞密码，见证它们超越平凡的奇迹之旅。

改革开放的伟大决策让黄埔区继承的千年通商基因不断强大，黄埔区始终披星戴月向前拼搏。黄埔文化内聚人心，外树形象，为调整优化产业结构、增强经济发展后劲和提高中小企业的国际竞争力提供了不竭动力。

不负韶华争朝夕。这里有自动取款机行业国内首家能与国外行业巨头相抗衡的广电运通，有通过飞行科技变革全球城市空中交通的亿航智能，有改写了广州先进制造业“缺芯”历史的粤芯半导体……多少中小企业在黄埔这片沃土深耕厚植，惊艳世界。面对新冠肺炎疫情的严重冲击和复杂的国内外形势，黄埔区的中小企业行动迅捷，贡献卓著。广州生物医药领域的龙头企业香雪制药是国内首家驰援武汉的制药企业；高新兴仅用 45 天就完成了 9 个地市 400 多个卡口的建设，实现了入粤车辆的大数据管理；华大生物把解析消毒的时间缩短至 10~30 秒，为挽救生命留出了更多时间……

珠江浩荡，时代潮涌，一个个奇迹在黄埔崛起。三十七载时光飞逝，改革激情却依然能够在黄埔不断释放出新的活力。在乘势而上开启新征程，向第二个百年奋斗目标进军的关键之年，我们希望通过这套丛书与社会各界一起，共同见证中小企业奇迹发展的科学之道，激发中小企业持续前进的不竭动力，发掘黄埔文化的内核，引导更多的中小企业发展壮大、走出国门，为我国经济发展做好服务，打造全球企业投资首选地和最佳发展地，不断提升优化营商环境，让更多人因黄埔故事而受益，让更多企业因在黄埔而造就振奋奇迹。我们继续努力！

编者

2022 年 1 月

目录

CONTENTS

照片拍摄者：贾自豪

王永辉

『黄埔有故事』讲述人

广州市香雪制药股份有限公司董事长

- 广东省抗击新冠肺炎疫情先进个人（2020）
- 2017 年“广东特支计划”科技创业领军人才（2018）
- 国家级非物质文化遗产代表性项目凉茶的代表性传承人（2018）
- 广东省食品医药行业个人最高奖——擎天奖获得者（2017）
- 第三届“广州最具社会责任感企业家”（2017）
- 福布斯 2014 年中国上市公司最佳 CEO（2014）
- 科技创新企业家奖获得者（2014）
- 广州市优秀中国特色社会主义事业建设者（2005）

- 作为广州生物医药领域的龙头企业，广州市香雪制药股份有限公司（以下简称“香雪制药”）已在广东、北京、山西、四川、重庆、安徽、云南、宁夏等地成立60余家子公司，大规模GMP①生产基地、GAP②种植基地相继而起，构筑成一条集中药资源开发、新药研发创制、中药先进制造、现代物流配送于一体的完整产业链。
- 冠名足球队，投身慈善业，上市创业板，创立研究所，香雪制药不断扩展着商业版图。
- 从一家默默无闻的代工厂到备受国际认可的上市品牌，从推动中医现代化转型到研发前沿抗癌新药，香雪制药只用了短短二十几年。

香雪制药

本土中药数字化变革引领者

从代工厂到上市公司，品牌攻坚显奇效

“十里梅花浑似雪，萝岗香雪映朝阳。”萝岗香雪因漫山遍野的梅花而得名，曾荣膺“羊城八景”之一，香雪制药就诞生在这块暗香浮动的土地上。都说梅花香自苦寒来，香雪制药的发展之路，最初并不平顺。成立于20世纪50年代的乡镇企业——萝岗制药厂是香雪制药的前身，1997年改制后更名为香雪制药。香雪制药改制前是一个典型的代工厂，当时声名远播的“太阳神”“脑

① GMP：《药品生产质量管理规范》。

② GAP：《中药材生产质量管理规范》。

黄金”等保健品都在这里生产。

创建香雪制药前，王永辉是医药行业的“门外汉”。乘着改革开放的春风，他毅然舍弃国有家电企业的“铁饭碗”，下海创业。“我们出了很多知名的保健品，但都不是我们自己的品牌，所以，‘太阳’下山了，‘巨人’倒下了的时候，我们的企业也出问题了。因为没有订单，企业亏损了。”王永辉觉得，做代工，贴别人的品牌是企业非常基础的阶段，在产业的最低端。企业必须要往上游走，必须要做自己的品牌，拥有自己的核心技术。他敏锐地觉察到，生

物医药将是中国下一个朝阳产业。

其实进军中药制药产业并非偶然，王永辉对此有着特殊情结。他的爷爷是一名老中医，对中药文化有着很深的情感，也希望他能在中药制药行业里闯出一片天地。创业经验告诉王永辉，创新才是企业保持蓬勃生命力、稳健发展的驱动力，转型升级势在必行。因此，他为香雪制药立下“自主生产研发，打造企业品牌”的发展战略。一条核心技术和品牌价值的攻坚之路，由此开启。

2001年，随着“太阳神”“巨人”的淡出，王永辉做了一个当时在香雪制药内部引起很大争议、现在看来却非常英明的品牌活动：尽管公司一年才一千万的利润，香雪制药却从中拿出八百万赞助广州足球队，连续两年冠名“广州香雪队”。这不仅在广州足球史上立下“延续香火”之功，也令香雪品牌得以快速拉升，为后面的发展做了很好的铺垫。

“一讲香雪制药，全广东都知道。”2003年，品牌效应初见奇效。香雪制药的抗病毒口服液犹如一匹黑马，从广东出发，奔向全国。当时正值非典时期，板蓝根等中药原材料价格高涨，不少厂家趁机限产抬价，使本就货源紧张的市场，竞争更为胶着。但在利与义之间，香雪制药毅然选择了后者——保证市场供应，决不哄抬价格，由此在广东站稳脚跟。非典期间，王永辉还拍板，无偿捐赠香雪抗病毒口服液给北京，保证北京中小学生人手一盒。这项总价值1000万元捐赠犹如一场及时雨，既满足了北京疫情防控需要，又为香雪制药品牌打开了全国知名度。很快，香雪制药驶入品牌升级的快车道。2008年，“香

雪”商标入选中国驰名商标，并在一年后以绝对优势，成为广东感冒中成药市场的佼佼者，并在全国高居前三名。

2010年，为谋求更大发展，香雪制药在深圳证券交易所创业板挂牌上市，成为一家集中成药制药、生物医学工程为一体的医药综合企业。在香雪制药上市的过程中，广州市黄埔区、广州开发区给予了极大的支持并起到了非常关键的作用：不仅在土地上为香雪制药扩产提供了保证，而且还大力协助香雪制药解决了法规、税务、资产等方面的一系列问题。王永辉曾由衷地向采访他的媒体记者感慨：“没有开发区的支持，香雪上不了市，也不会有今天。许多东西外人是看不见的，但亲身经历的人是能感受到的。如果不是开发区的这种服务、高效的机制和行政体系，很多工作是做不了的。广州开发区是香雪的恩人。”

市场份额稳步攀升的同时，香雪制药不忘升级产品质量，抗病毒口服液、板蓝根颗粒、橘红系列中成药及中药饮片等主导产品相继面世后，还不断二次研

发，探索更多用药可能；医疗器械、保健品、功能性饮料等多点开花，也极大地丰富了产品线；积极投身公益事业，更使香雪制药实现口碑与价值双丰收。

中药数字化变革，助力中国制造走向世界

坚韧、独立，既是梅花令人称道的特质，也与香雪制药坚持创新、钻研核心技术的发展战略一脉相承。

随着抗病毒口服液、清肝利胆口服液、壮腰健肾口服液、小儿化食口服液、中风回春胶囊五剂新药获得国内市场认可，王永辉开始琢磨，如何让“香雪制造”走出国门。

“你能否告诉我，这里面成分是什么？”“下一批产品和我手中这盒能否一模一样？”信心满满地将香雪抗病毒口服液带往美国，但面对经销商的一再追问，王永辉却只能保持沉默。这次碰壁点醒了王永辉：中西医药知识体系和检验标准有分歧，西药配方需精确到每种化学成分的分子式，每批次产品的质和量都要保持一致，而中药则由多味草药熬制而成，成分复杂，很难一一离析检测，即便药效再好，也难受国际认可。

变则通，不变不通。王永辉很快意识到，想要走向海外，中药行业也需及时思变，适应市场新要求。于是，一条现代化、标准化、数字化的中药革新之路，由此铺开。现代中药指纹图谱质量控制技术，是香雪制药数字化进程中的一个亮点。王永辉比喻道，拥有这项技术，中药原料和产品就能像人一样，有自己的独特指纹。该技术利用先进仪器，为各中药原料量身打造图形波谱。不同药材形成各自特殊的波形组合，含量多少则决定波峰高低，只要像比对指纹一样按图索骥，就能一一辨别中药产品中的主要成分和具体含量，通过比较不同批次产品的图谱相似度，即可检验药品质与量是否一致。

这是国内首创。当时不少同行认定，王永辉“不懂药”，此举不仅需投入高昂的研发成本，还会堵死偷工减料的捷径，费力不讨好。“中药数字化是基础的基础。中药成分或质量不可控、不精准，谈任何疗效的提高和稳定，都是一个空中楼阁，没办法实现。”顶着压力与质疑，王永辉和香雪制药研发团队

历时 4 年，投入数百万元，反复攻关，这套新技术终在 2003 年通过国家鉴定，被写入《中国药典》（2010 年版）第一增补本。

此后，香雪制药将数字化技术进一步拓展到药材溯源、生产流通、质量控制、临床评价等多个环节。不仅对旗下种植面积超 2 万亩[①]的中 GAP 种植基地实行精准管理，严格控制药材产地、重金属、农药残留等 20 多项指标，保证 1200 余种中药饮片不含有害物质，还不断优化生产工艺，提高质量标准，增加了 100 多个检测项目和指标。

同时，香雪制药还是全国首个完成万例中成药上市后安全性研究和感冒类中成药双盲安慰剂对照临床研究的企业，率先引入中药临床循证医学评价方法，通过大样本、多中心、大规模临床数据评价体系，量化药效，并对药品安全性、临床有效性、不良反应等跟踪研究，用科学数据说话，树立行业新标杆。

强强联合，也是中药现代化与数字化的催化剂。王永辉积极招募国内外研究人员，组成强大的科研团队。香雪制药不仅与暨南大学合作成立广东省香雪中药及天然药物院士工作站，还斥资 1 亿元，从欧美国家引进人员、设备，成立香雪生命科学研究中心，探索生物医药最前沿。

值得一提的是，2007 年，香雪制药全资子公司香雪剑桥中药国际研究中心在英国成立，这是中国药企首次在欧洲设立科研机构，也是我国首家海外中药研发单位。短短 10 年后，该中心提交的板蓝根颗粒注册申请，获得英国药品和健康产品管理局批准，香雪制药成为首家按照欧盟指令要求申报中成药的中国药企，此产品也是首款在英国获得销售许可的感冒中成药。香雪制药出征海外，终于圆梦。

智慧中医露头角，超级助手放眼精准医疗

《中国互联网医疗发展报告（2016）》指出，随着发展中医药成为国家战略，以及屠呦呦斩获诺贝尔奖掀起中医热潮，社会对中医药的关注度前所未有。“互联网 + 中医药”将成为后起之秀，前景广阔，潜力巨大。

---

① 1 亩≈ 666.67 平方米。

“互联网 + 中医药”，也是中医药信息化发展“十三五”规划定下的发展目标。利用互联网、大数据等新兴技术，让中医药治疗从“模糊”变为“数字化”，再从“数字化”升级为“精准化”，开拓智慧中医模式，尤为关键。

“智慧中医将是未来中医一个大的飞跃。”作为该领域的领跑者，王永辉自有见地。在他看来，智慧中医犹如一名智能、可靠的超级助手，它既遵循中医的发展规律，又吸收了大数据、物联网、人工智能、云计算等技术优势，帮助医生优化诊疗过程，满足患者个性化的用药需求，真正做到人人享中医，智能用准药。

2016 年正式运营的香雪智能物联中药配制中心，就是“物联网 + 大数据 + 人工智能 + 智慧中医”的智慧结晶。3000 多平方米的配置中心，每天都能收到 2000 余张医疗机构的电子处方，每张处方都有专业审方员细心核实，有无

配药禁忌、是否孕妇慎用、剂量是否安全等均是审核重点。随后，工作人员只需扫下条形码，按方抓药，中药煎煮机便能自动依据水量、时间、温度等设定参数精密运转，自动均分包装，包装好后由快递送药上门。患者上午下单，最快当天下午就能用上，既免去了煎药取药的麻烦，又避免了人工操作不标准、不规范带来的用药风险。

这个全国首创、华南地区最高端的中药配制中心里，智能监控无处不在。只需一台可联网的手机，患者就可像查询网购订单一样，随时查看中药制备进行到哪一步、药材产自何处、快递送到哪里等信息，整套过程透明可溯，医院认可，患者放心。随着被接受度越来越高，香雪智能物联中药配制中心订单量每月都能翻倍增长。香雪制药有信心在将来，将这套模式覆盖整个中医药行业。

如今，精准中医大数据诊疗平台、分子诊断平台和基因测序检测平台构建了香雪智慧中医体系的三驾马车，实现中医诊断、治疗、检测、管理全方位的精准化与智能化。当病人依方用药后，平台还能评价疗效，用大数据改进药方，病人再来取药时，便可用新药方优化治疗方案。王永辉认为，这种不断反馈优化的工作模式，正是智慧中医自我学习进化的能力体现，也是中药数字化向精准化升级的过程。

冲在抗疫第一线，智慧中医成为抗疫主力军

面对突如其来的新冠肺炎疫情，香雪制药再一次快速反应，冲在抗疫的第一线。在这场生命保卫战中，香雪制药展现了品牌担当与勇于承担社会责任的气魄。

中医药治疗非典得到世界卫生组织的肯定，但由于介入较晚，中医药治疗仅为辅助。但新冠肺炎治疗初期，中医药便全面介入，变身主力军。新冠肺炎疫情暴发后，香雪制药主动响应党和政府的号召，积极投身疫情防控工作。

“中医中药是具有中国特色的医疗体系。经过多年的发展，特别是经历过2003年非典的考验与实践，香雪制药的研发体系、质量体系、生产体系和治疗

应用体系都得到全面的提升。面对突如其来的新冠肺炎疫情，用习近平总书记的话来讲，这既是一次大战，也是一次大考，而香雪制药从2003年抗击非典的参与者，到如今成为抗击新冠肺炎疫情的主力军。其中，2017年建立的香雪智慧中医体系，在这次防治新冠肺炎的战役中发挥了极其重要的作用。"王永辉介绍道。

相比于抗击非典时，此次抗疫，香雪制药经验更加充足，实力也更加强大。疫情防控初期，香雪制药迅速成立香雪公共卫生安全应急指挥部，一份紧急动员令下来，2000多名员工驰援生产一线，春节不休假，保障完成国家储备计划和市场需求。工厂24小时不停产，开足马力，全力赶产。最终，实现抗病毒口服液日产能翻10倍，保障了国家、省、市药品物资储备，为抗疫保驾护航。

短时间内，"粤抗1号"日产能从0迅速提升至10000件以上，切实为国

民健康提供防护保障。为了响应国家号召，香雪制药更是转产了 KN95 口罩、一次性口罩、防护服、护目镜、防护面罩等防疫用品，助力全球抗疫。

这次疫情中，香雪制药武汉智能物联中药配制中心（湖北天济）被武汉市新冠肺炎防控指挥部医疗救治组指定为中药方剂服务供应商，日均配制 6 万剂中药汤剂，累计为病人提供超过 350 万剂的中药汤剂，真正做到了一人一方。中药针对患者整体状况进行治疗，可以提前干预，调动人自身内源性抗病机能。整体观念在辨证施治中的意义得到了充分的证明。

新冠肺炎疫情暴发后，香雪制药成为国内首家驰援武汉的企业。香雪制药 2020 年 1 月 20 日连夜驰援武汉。2020 年 1 月 22 日向武汉市红十字会义捐 10000 份香雪抗病毒口服液爱心物资。随后，先后组织向湖北、广东、湖南、宁夏等地卫生部门、学校、抗疫一线人员以及海外 30 个国家等捐赠抗病毒口

服液、橘红痰咳液、“粤抗 1 号”等防疫物资和研发资金，累计捐款捐物超过 2500 万元，助力一线人员打赢疫情防控阻击战。

“中西医结合救治，是中国方案中的亮点。重症救治、中西结合、降低病死率是我们取胜的核心。”2020 年 2 月 17 日，香雪制药研发部门同时展开中药防治新冠肺炎的攻关，与广州医科大学附属第一医院、广州呼吸健康研究院等单位联合立项开展“香雪抗病毒口服液和五指防冠方对新冠肺炎密切接触者的干预研究”。2020 年 3 月 30 日，香雪制药向钟南山基金会捐赠 500 万元，设立“南山香雪呼吸健康中药研究基金会”，资金定向用于围绕中药在呼吸健康领域应用开展的项目研究工作；同时也为广州市新冠肺炎中医药防控专家组颁发 100 万元奖励金，设立“中医药教育发展基金”。香雪制药时刻关注中医药教育事业发展，力求培养更多优秀中医药和中西医结合人才。目前，香雪制药联合立项开展“香雪抗病毒口服液和五指防冠方对新冠肺炎密切接触者的干预研究”，阶段性成果符合预期。

“我们相信经过这次疫情考验后，整个社会对中医药的疗效会更加认同，对中医药体系的建设更加重视；香雪智慧中医的体系也会更加成熟，并得到广泛应用，未来在健康卫生领域发挥的关键性作用更加凸显。”王永辉对香雪制药正努力探索的事情信心十足。

中医药频繁出海，香雪制药 2.0 未来可期

如今，香雪制药仍未停止中药现代化、精准化的脚步，并走上二次创业之路。“作为中药企业，做大做强是必然的。如果要成为一个优秀的制药企业，光守住传统还不行，我们必须要在一些前沿的技术、突破性的领域、高效能的药物方面有所作为，有所突破。”合作研制肿瘤新药、开发基因治疗技术等新举措，均回应着王永辉的期待。

目前，香雪制药与多家国际知名药企强强联手，收获颇丰。如与英国企业合作研发的植物药，获得英国药监机构药品注册。而与美国企业合作的国内首款小核酸新药 STP705 和脑胶质瘤新药 KX02，也均已获得中美两国临床批件。

香雪制药还探及抗癌领域，研制的新一代基因抗肿瘤新药和开展的T细胞受体基因治疗项目，均是全球抗癌研究的前沿方向。

早在2013年，香雪制药便与国家千人计划特聘专家、中国科学院广州生物医药与健康研究院研究员、国家呼吸病重点实验室教授李懿共同创办了香雪生命科学研究中心。成立之初，他们便聚焦特异性T细胞受体免疫治疗技术，希望通过不懈研发，为恶性肿瘤的精准医疗开辟全新道路，并从根本上攻克癌症。该技术旨在增强患者自身的免疫功能，与其他技术相比，除瘤抑癌疗效更好，副作用更小和复发率更低。它不仅适用于早期肿瘤患者的治疗，一些晚期肿瘤病人也能通过该免疫治疗部分或完全缓解病情，使抗癌治疗又多了一丝希望。

当时，全球仅有两家企业开展这项研发，一家远在英国，另一家便是香雪制药。随着研发团队不断壮大，实验设备一应俱全，香雪生命科学研究中心已成为现代生物医药的研发基地和转化平台。目前，已有多家医院参与临床合作，共同打造多研发管线“实体瘤”细胞治疗平台，还有首个针对非小细胞肺癌和其他肿瘤的TCR-T（T细胞受体基因工程改造的T细胞）项目获准进入临床试验阶段，这在国际上也属少见。

2019年3月，香雪生命科学研究中心拿到了国内首个TCR-T临床试验许可批文，并已在开展I期临床试验。TCR-T细胞治疗技术有利于巩固完善香雪制药在免疫细胞治疗领域的地位，丰富其在抗肿瘤药物领域的产品线，增强公司的核心竞争力。2020年9月，其研发的抗实体瘤新药TCRT-ESO-A2在美国获批新药临床试验，是TCR-T新药研发的阶段性成果。

一手是传统中药的现代升级，一手是抗癌技术的创新研发，看似截然不同的两个领域背后，都有着香雪制药多年来推动智慧中医、精准医疗，改善行业生态和公众健康，由国内走向国际的宏远目标在推动。两掌合力，将助力香雪制药进一步发展升级。

“香雪制药将继续推进智慧中医战略布局，全力打造香雪制药2.0，早日实现从资本运营向知识运营的转变，打造产业链向产业闭环转变的健康产业生态系统。”王永辉寥寥数语中，饱含着几代香雪人的殷切期待。

中医药遍地开花，走入全球近200个国家和地区；在俄罗斯、新加坡、阿联酋等国，多种中药产品以药品形式注册。在中国推动下，世界卫生组织也将中医药为主体的传统医学纳入新版国际疾病分类（ICD-11）。这些都标志着中医药将越来越被国际医药体系认可，中医药企业出海将大有作为。

作为中医药企业中的一员，香雪制药未来可期。

文 / 周莹

获得的荣誉

- 2021年度广州慈善榜五星慈善单位（2022）
- 2020年度广州慈善榜五星慈善单位（2021）
- 2020年全国光彩事业重点项目（2021）
- 2020年广东扶贫济困红棉杯银杯（2021）
- 全国工商联“抗击新冠肺炎疫情先进民营企业”（2020）
- 2019年广东扶贫济困红棉杯铜杯（2020）
- 广东省抗击新冠肺炎疫情突出贡献民营企业（2020）
- 广东省抗击新冠肺炎疫情组织工作优秀民营企业（2020）
- 广州市抗击新冠肺炎疫情重大贡献民营企业（2020）
- 香雪制药公共安全应急指挥部获广州市青年文明号(战“疫”特别推荐集体)（2020）
- 国际科技合作重点科研机构（联合研发中心）（2019）
- 广东省食品医药行业先进基层党组织（2019）
- 全国双爱双评先进企业工会（2018）
- 广东省青少年科技教育基地（2018）
- 广东省光彩事业奖（2016）
- 广东省科学技术奖三等奖（制备抗病毒口服液的方法）（2016）
- 广东省培育和践行社会主义核心价值观企业示范点（2016）
- 2011—2016年度突出贡献企业（光彩扶贫公益慈善捐赠超一千万元）（2016）
- 中国医药制造业百强企业（2015）

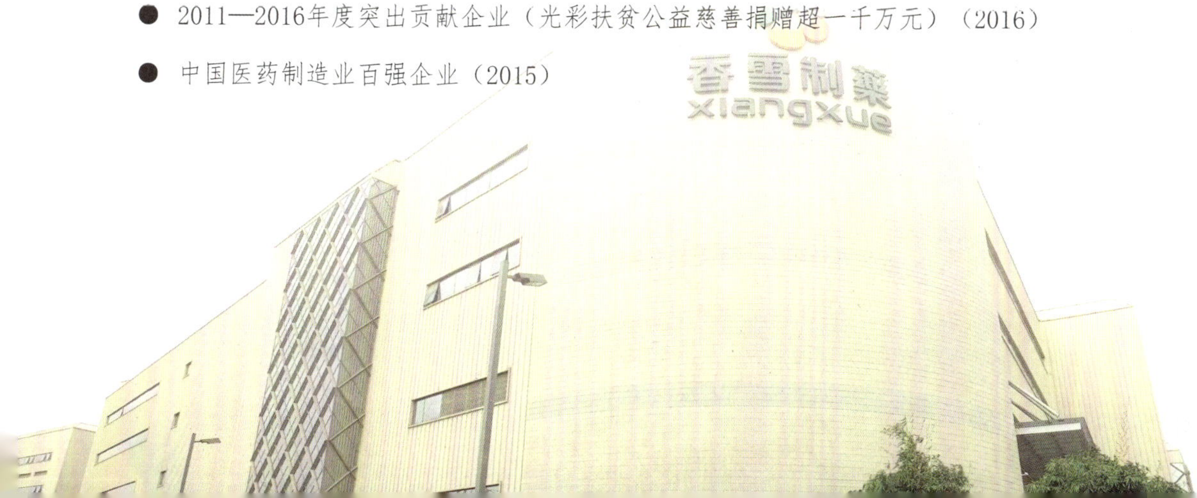

刘双广

『黄埔有故事』讲述人

高新兴科技集团股份有限公司董事长、总裁

- 国际社会公共安全博览会 30 周年功勋人物（2010）
- 中国智慧城市十大领军人物之一（2019）
- 年度中国安防最具影响力广东企业家（2019）
- 湾区精神杰出企业家（2018）
- 广州创新英雄（2018）
- 新时代商业领袖奖获得者（2018）

- 高新兴科技集团股份有限公司（以下简称“高新兴”）成立于 1997 年，2010 年成功上市，深化物联网产业布局。
- 从通信动环监控领域到城市安防、智慧城市顶层设计，再到深化公安信息化和智慧交通应用、发力 5G 新基建，高新兴现已成长为业内知名的智慧城市物联网产品与服务提供商。

高新兴

业内领先的智慧城市物联网产品与服务提供商

实时进行车辆及人脸识别，GPS（全球定位系统）坐标映射警员分布，可视化绘制疏导路线；自动变道，无信号路口转向，车载诊断异常提醒；巡逻机器人，测温机器人……这些科幻大片中的场景效果已经不再是幻想，高新兴将其变成了现实。

以技术为本，坚持自主创新和高投入研发是高新兴驶入发展“快车道”的关键密钥。高新兴作为一家专注于感知、连接、平台等物联网核心技术的研发和行业应用的高科技企业，从下游物联网行业应用出发，以“全息智能”及“泛在通信”两大核心共性技术为科技中台，实现物联网“终端 + 应用”纵向一体化战略布局，构筑物联网大数据应用产业集群，并坚定走高新兴物联网产业集群协同发展道路，致力于成为物联网大数据应用多个细分行业领先者，服务于全球逾千家客户。

日夜守护万家灯火，为道路交通开创智能出行的美好未来，高新兴总是能够化困难为机遇，攻克重重技术难关，把握时代发展脉搏，持续不断地为社会创造价值。

始终坚持客户导向，成就客户就是成就自己

“我是邓小平南方谈话之后出来创业的，那时正赶上 20 世纪 90 年代的创业大潮，想趁着年轻做出一番成就。”放弃了广州通信研究所的“铁饭碗”，刘双广于 1997 年成立了广东高新兴通信股份有限公司（现更名为“高新兴科技集团股份有限公司”）。

刚刚起步的高新兴虽然力量弱小，却极为敏锐、务实。通信工程专业出身的刘双广基于自己多年积累的行业经验，通过观察，决定从动环监控这一“缝隙”产品入手，为无人值守的通信基站内的发电机、电池、空调电源等动力设备提供温湿度等外部环境的远程监控和运行维护。1998 年，高新兴的第一代动环监控产品在广西移动成功开局。为了更快地将产品推向市场，高新兴通过大面积的免费试用在业内树立了良好的口碑，并于 1999 年占领了广东移动基站干接点监控 80% 的市场。2000 年，高新兴成为全国动环监控行业首批通过 ISO9001 质量管理体系双重认证的通信企业之一；到 2001 年，高新兴基站监控业务已经占据了中国移动 30% 的市场。

本着“以客户为中心，用人格造产品”的经营理念，高新兴始终围绕客户需求，严格把关产品品质。即便是在生死存亡的关头，高新兴的研发团队也坚持根据客户需求调整产品及服务，甚至以翻倍的成本创新产品的性能和功用。凭借百分百的用心和测评结果展现出来的硬实力，高新兴不仅获得了首个经过授权的发明专利——无线联网智能门禁系统，还赢得了各大通信公司宝贵的信任与合作。2005 年，高新兴成为业内首家提出“融合监控”概念的企业，并且在通信监控这一细分领域的市场占有率达到了第一。

随着公司业务的发展，以及刘双广进修北京大学光华管理学院 EMBA（高级管理人员工商管理硕士）期间眼界的提升，高新兴向着上市的目标不断迈进。为了获得更大的发展空间，争取更好的发展环境，刘双广从 2006 年开始就在寻找合适的兴建高新兴科技园的地方。2007 年，高新兴遇上原萝岗区这块宝地。

刘双广回忆说：“当时我们已经跟原萝岗区政府接触了一段时间，彼此都有一定程度的了解，在我们正式提出办公用地需求申请的时候，黄埔区招商局的有关领导仅用半个小时的时间很爽快地批复了我们，效率真是太高了，这也是对我们企业的高度信任和肯定，其他地方都比不了。”2009 年，高新兴总部大楼在原萝岗区落成，总部办公园区建筑面积超过 5 万平方米。目前，高新兴员工近 3000 人。

2006 年，《国家中长期科学和技术发展规划纲要》部署实施，全党全社会都向着建设创新型国家的目标而努力奋斗。在第十一届全国人民代表大会第三次会议上，“物联网”首次被写入 2010 年国务院政府工作报告，在国家层面得到了重点关注和推进。2012 年，党中央国务院号召我国科技界奋力创新、为全面建成小康社会提供有力的科技支撑。

紧随国家整体大产业的发展方向，依托黄埔区简政高效、开放包容的营商环境，高新兴在通信监控领域持续深耕，搭建平台、进军软件领域、深挖

技术潜能。在建立了省级监控中心，完成了对企业的股份制改革之后，高新兴于2010年在深圳证券交易所创业板上市，开启资本市场助力下的高质量发展新征程。

除了资金与土地的高效落实，黄埔区工商、税务、社保等十几个部门的工作人员快速又细致地为高新兴的上市筹备提供了材料文件上的支持，帮助高新兴顺利地成为国内第一批在创业板上市的企业之一。为成功上市激动之余，刘双广感到了肩上更为重大的责任："黄埔区政府真心实意为企业解决问题，有了这样的环境，我们更应该走向高质量的发展，为人们创造更美好的生活，为社会带来更大价值。"

科技助攻规范执法，构建安全智能的城市全域防控生态

城镇化是我国现代化发展的必由之路，也是不断前进的历史潮流。上市之后的高新兴恰逢中国城镇化进入快速发展期，城市道路拥堵加剧，公共交通资

源日益紧张，城市建设和管理面临着更具挑战性的考验。在通信监控领域沉淀了十几年的刘双广看到了安防行业网络化和高清化的趋势。他再次从公安部客户对视频清晰度和数据精准度的需求出发，躬身入局安防领域。

随着国家安全战略的进一步深化，“平安城市”成为由公安部门主导的政府工程，在全国各大城市全面推进；高新兴先前积累的通信动环监控技术完全可以应用到城市安全的日常工作中解决现实问题。这一水到渠成的相关性使高新兴转而将自身定位成平安城市建设运营商。

2012 年，凭借在高清视频监控技术方面掌握的优势，高新兴独家中标“平安阳江”城市建设项目，推出了广东首个全高清大型平安城市项目，开始了在全国平安城市建设上的“攻城略地”之路。2014 年，高新兴在业界首创以 AR（增强现实）技术为核心的“立体防控云防系统”，将 AR 与 AI（人工智能）技术相结合，实现了高空、低空、地面的多点联动和大数据的实景指挥，为各大重要场所构建了牢固的预警防线。2015 年，智慧城市上升至国家战略，高新兴的业务进一步拓展。2016 年，高新兴又推出智慧新警务，为各级公安机关建立了一套科技引领、整体作战的治安防控一体化警务运作系统。2019 年，公安执法规范化成为高新兴战略聚焦的两大主航道之一，其核心产品的竞争力不断做大做强。

市场的认可离不开高新兴扎实的技术研发能力。为了在各层面把握核心技术，争取发展的主动权，高新兴从一开始就进行了长线布局。在 2011—2018 年间，高新兴先后收购了讯美科技、国迈科技、创联电子、中兴智联、中兴物联等各细分领域的顶尖企业；与北大光华管理学院、中国人民大学、南京邮电大学、中山大学、西安电子科技大学等院校及科研机构建立合作研发关系；提出“一横四纵”的战略布局，在公共安全、大交通、通信和金融四个行业都实现了从咨询到运行维护的一站式服务，打响了诸多知名品牌。

高新兴自主研发的视频云、智慧新监管、智慧新交管、雪亮工程等产品和解决方案聚焦公安的科信、监管、交管和法制四大业务部门，赋能全警种，全面提升公安实战能力。此外，高新兴还在国内首推“云 + 端”的“55423”智慧执法体系；中标了全国首个部级平台“海关总署刑事执法办案平台”建设项目；视音频管理系统达到了全国市场占有率第一；入选为新一代警综平台标准编制单位。无论从产品业务的角度还是从行业规范的角度来说，高新兴都构建了安全智能的城市全域防控生态，引领了警务发展的新模式。

政府工作报告对人工智能的描述用词从 2017 年的“加快”、2018 年的“加强”变为 2019 年的“深化”，这表明我国的人工智能产业已经从初步发展阶段进入深入发展阶段。近年来，依托人工智能、大数据等技术，高新兴继续攻克核心难题，成为安防业界最早发布巡逻机器人的企业。基于在重大安保领域的实力和口碑，高新兴还深度参与了国庆大阅兵、“数字中国”峰会、2017 广州《财富》全球论坛、2017 厦门金砖会议、2019 武汉军运会等国家级重大活动的安保工作。

此外，VGIS（视频地理信息系统）实景地图、交管一体化指挥平台、让道路畅通无阻的绿波带系统，以及结合实际需要和现实条件扩充出来的各个子

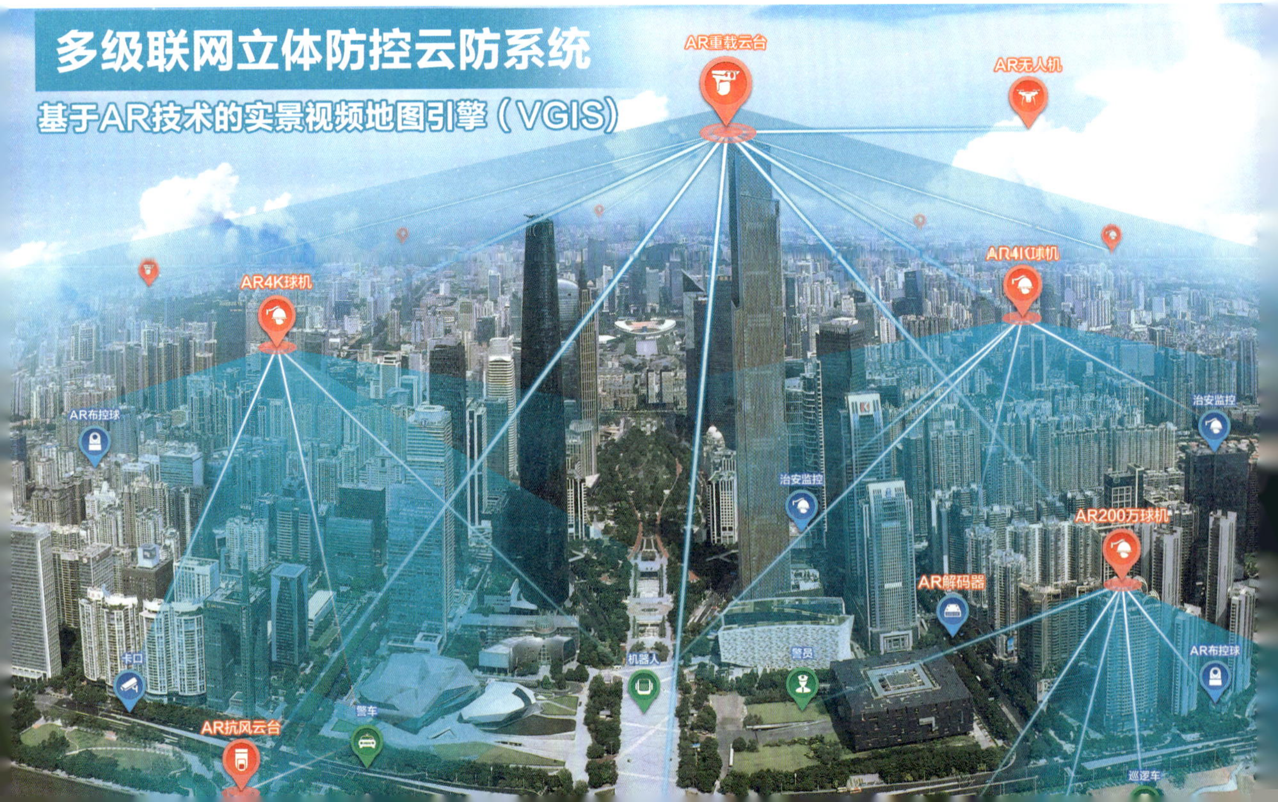

项目，都在不同程度上为高新兴智慧城市的版图增添了浓墨重彩的数笔。近年来，高新兴承建了300多例智慧城市、智能交通项目，已经具备在三大一线城市（广州、深圳、上海）的建设经验，有在广东清远、辽宁鞍山海城、贵州毕节纳雍、湖南岳阳等地的多个过亿级投资规模的城市综合性智能交通管理项目。

以法治中国为政策指引，将前沿技术融入现实需要，高新兴每一次都能精准地把握新的发展机遇。这依靠的不仅是创始人刘双广沉稳独到的战略眼光，还有黄埔区政府精细贴心的服务也为高新兴的发展免除了很多后顾之忧。

刘双广说："刚来的时候办公场地附近很荒凉，一到下班就人去楼空，招人也很困难。政府专门走访企业家修订政策，再加上周边的基础设施也在慢慢跟上，不仅现在的高新兴汇聚了很多人才，黄埔区的人气也越来越旺。"如今，"到黄埔去"已成为很多企业和流动人才的共识。面对新的发展形势，黄埔区政府灵活应变，不断进行营商环境与产业基地的优化和布局，这也为高新兴对于物联网未来的定位和发展提供了更大的信心与保障。

发力智慧交通，争做“领头雁”

从物联网早期的典型应用场景——通信监控开始转入城市安防，建设智慧城市，再到布局物联网产品与服务，高新兴已经积累了物联网平台、无线通信技术、大数据分析挖掘、AR（增强现实）等领域的一系列核心技术。二十多年的行业积淀以及智能时代的到来使高新兴将战略方向深度聚焦于车联网。向来稳扎稳打的高新兴不仅在5G上做了大量技术储备，而且从车载前装、后装到相关的应用都进行了全球的布局。

依靠5G网络，万物互联才能真正得到实现。大带宽、低时延、广连接的5G使信息的实时共享成为现实。配合云计算、大数据和人工智能等技术，传统物联网数据丢失、安全薄弱、数据孤岛等问题也得到了解决。从2019年5G开始商用后，以5G为核心的基础建设在诸多应用领域都展开了竞争。在这之中，智能网联汽车已经成为全球新一轮产业竞争的制高点，国家也出台了《车联网（智能网联汽车）产业发展行动计划》《智能汽车创新发展战略》等多项政策驱动车联网市场的发展。高新兴在此背景下再次调整了战略方向，将车联网作为与公安执法规范化并行发展的另一主航道。

融合了自动驾驶、5G通信、人工智能、大数据等众多前沿电子信息技术的智能网联汽车正在改写全球科技竞争的新格局。广州作为国内首个认可其他地区智能网联汽车道路测试许可的城市、全国单车封闭测试成本最低的城市，以及国内推进远程驾驶测试进度最快的城市，已经形成了全国唯一的智能网联汽车产业集群。在这片拥有深厚汽车产业底蕴的土地上，黄埔区的表现尤其亮眼。优化汽车产业布局，启动建设国家车联网先导区，举办2019年智能网联汽车驾驶大赛，建设全国首个5G自动驾驶应用示范岛……黄埔区为智能网联汽车产业搭建了一个开放合作、协同创新的平台。众多企业纷纷投入到智能网联汽车产业发展中来，而高新兴正是其中的佼佼者。

2016年，高新兴就对车联网的应用进行了初始尝试。通过研发投入电子车牌，高新兴参与了深圳、武汉、重庆等多个城市汽车电子标识试点项目的建设，到现在已经获得了85%的市场占有率，居全国第一，拥有汽车电子标识全

套产品，掌握 RFID（射频识别）核心专利超过 400 项，并且成为机动车电子标识国家标准的主要起草单位。

尽管目前以单车智能为主的自动驾驶技术大规模落地还遥遥无期，但以 5G 技术为依托的车路协同技术已经能够为自动驾驶规模化的落地提供技术支撑。高新兴就从“人—车—路—网—云”的高度协同入手，为自动驾驶汽车进行了“减负”。高新兴不仅拥有全系列物联网通信模块、终端产品和路侧产品，还广泛建设了生态圈，与吉利、长安、比亚迪等数十家车企以及国际车厂一级供应商延锋伟世通等展开了深度合作，并加入行业联盟，打通车联网产业的上下游。作为首个打通 5G SA（独立组网）模式的模组厂商，高新兴自主研发的 C-V2X（蜂窝车联网）模组和终端还成功通过了全国首次“四跨”互联互通的测试。

不断整合自身的优势资源，落地测验自动驾驶技术的运用，推动行业跨领域协同创新，高新兴通过贯彻“车载单元—车路协同—车联网平台—智慧交通应用”的纵向战略布局，现已成为国内少数具备智能网联全栈式产品覆盖、智能交通顶层规划、城市级系统项目交付能力的智慧交通产品与解决方案提供商，并且在车联网的车载端拥有了绝对的优势。无论在前装市场还是后装市场，都取得了国内外著名企业的支持和认可。

对于未来，刘双广还有更大的志向与期待。“5G 车联网的终极目标是解放我们的双手、双脚和大脑，将车变成除了家庭和办公场所之外的第三空间，让我们每个人都能拥抱人工智能带来的变化，享受更安全、更智慧、更美好的生活。”刘双广介绍说，黄埔区仍然在不断优化智能网联汽车的发展环境，这为高新兴的进一步发展壮大提供了更多的底气和更大的成长空间。

在国家发展和改革委员会首次明确了“新基建”的范围之后，黄埔区就积极抢跑了“新基建”赛道，硬核颁布“新基建 10 条”，谋划布局“新基建四大区域”，投产运营“新基建”项目，其经济发展和科技研发的活跃度始终不曾减弱。2020 年 5 月，黄埔区牵手百度公司签订了全面战略合作协议，共同建设粤港澳大湾区智能网联示范高地；百度 Apollo（阿波罗）智能汽车生态基地及自动驾驶运营基地也落地黄埔，共创智能网联产业的生态繁荣。与此同时，黄埔区还投资了 566 亿元对“1+16”个重磅项目通过线上、线下的形式进行了集中签约，强力助推广州“新基建”的发展。对此，刘双广感到很振奋：“我们非常看好车联网产业的发展，愿意做更大的投入，立足广东，立足粤港澳大湾区，坚持国家政策引领，以技术支持本土产业的发展。”

初心不改，为更大愿景扬帆再启程

高新兴自创办之初就如同这个名字一样饱含着刘双广“以高新技术振兴民族企业”的淳朴想法。“时刻保持危机感，永远不会忘记出发点”的刘双广无论对待故乡还是国家，都不曾丢弃初心。

面对新冠肺炎疫情，高新兴第一时间响应科技抗疫的需求，仅用 45 天就完成了 9 个地市 400 多个卡口的建设，实现了对入粤车辆的大数据管理。此外，高新兴还快速开发出了用于疫情防控的七大 AI 产品，包括涉疫区车辆管控平台、疫情防控大数据平台、疫情防控指挥调度平台、重点场所疫情联防联控综合平台、律师远程会见系统、远程提讯系统，以及国内首款 5G 测温巡逻机器人，为全国多个城市的海关、火车站、机场等重要场所提供科技保障，有效降低了执勤人员的安全风险。

能够通过人工智能、大数据等技术快速弥补疫情管控的技术短板，在车联网及执法规范方面保持领先地位，这背后是高新兴二十多年的积累与沉淀。“天下难事，必作于易。天下大事，必作于细。”高新兴对于核心技术的掌握也是一步一个脚印奋斗而来的。刘双广说：“早期建立企业的时候也不是一下子就能实现产业报国的，先用技术弥补市场空缺，给客户带来更好的体验，才能在核心产业的基础上为国家和社会做出更有意义的产品。”

带着对产品和技术的敬畏与高要求，高新兴发展至今，始终以匠心和专业的态度坚持自主研发和创新。作为国家企业技术中心，高新兴近年的研发投入都超过营收的10%，研发人员占到了公司总人数的35%以上，已申请核心技术专利超过1300项。在不断突破技术难关的过程中，高新兴不仅获得了ITSS（信息技术服务标准）一级资质、CMMI 5（全球软件领域的最高级别认证——能力成熟度集成模型集成认证第5级），通过了德国TÜV莱茵IATF16949体系认证，进一步夯实了汽车智能网联全产业链的布局；还拥有了12个研发中心以及1个博士后科研工作站，与国内外主流院校和专业团队深度合作，打造了全球领先的5G测试实验室、5G OTA（空中下载技术）暗室等多个专业实验室，推动产学研用结合和技术成果转化，不断释放技术价值，为国家在科技方面主动挺进世界舞台做出了重大贡献。

身处"5G覆盖+政策普惠+产业集聚"的黄埔区，高新兴还将进一步助力广州乃至大湾区建成数字经济的发展高地，领跑世界智能交通体系。最近，高新兴正在将承载智能制造+高新技术研发综合性功能的智能网联制造与研发总部基地落户黄埔区，以实现全集团在大数据、AI、5G、视频分析等核心技术上研发资源的整合，并且在车联网、公共安全、智慧城市、大交通等方面将场景化产品和方案深度融合。该基地预计在2025年完成，届时将新增1000个供应链就业岗位，以及500个研发岗位，加速推动车联网产业的跨越式发展。

迈小步、不停步，总把困难当机遇的高新兴，未来还将借着中国进一步对外开放的东风，作为"敢为人先"的黄埔人再度启程，深度参与国际市场竞争，在物联网领域发挥更大的效用。

文 / 李桐

获得的荣誉

- 第十届吴文俊人工智能科技进步奖二等奖（2021）
- 中国智能交通三十强（2021）
- 高新技术企业（2020）
- 全省“两新”组织党建工作示范点（2020）
- 广州市抗击新冠肺炎疫情突出贡献民营企业（2020）
- 广州市“两新”组织党员教育示范基地（2020）
- 5G生产服务企业（2020）
- “中小企业能办大事”实践基地（2020）
- The Best智能交通大奖（2020）
- 优秀物联网企业（2020）
- 国家企业技术中心（2019）
- 国家知识产权优势企业（2019）
- 第九届吴文俊人工智能技术发明奖一等奖（2019）
- 物联网杰出企业奖（2019）
- 5G创新企业（2019）
- 广东省知识产权示范企业（2019）
- 广东“两新”组织党建十佳创新案例（2019）
- AIoT赋能安防创新应用奖（2019）
- 广东省“平安城市”建设突出贡献奖（2019）
- 广州市创新标杆企业（2019）

叶子瑜

『黄埔有故事』讲述人

广州广电运通金融电子股份有限公司原总经理

- 2018 年度参政议政工作优秀个人（2019）
- 2018 年全国电子信息行业杰出企业家（2018）
- 廉洁广州 2014 年度人物（2015）
- 社会服务突出贡献奖获得者（2012）
- 中国软件产业十年功勋人物（2011）
- 广东省优秀企业家（2010）
- 广东省五一劳动奖章获得者（2007）
- 广东省科学技术奖获得者（2004）

- 国内唯一一家拥有全套 ATM（自动取款机）核心技术的高科技企业。
- 中国 ATM 行业内第一家能与国外行业巨头相抗衡的民族企业。
- 广电运通拥有有效授权专利超过 2100 项，主导、参与制定或修订 20 多项国家标准，国内首家完成全部主流生物特征识别国家标准布局，牵头主导粤港澳大湾区首个金融标准的制定。
- 截至 2020 年，广电运通的产品连续 13 年在国内现金智能设备市场占有率排名第一，销往全球 100 多个国家。公司上市以后最高市值达 500 亿，实现国有资产的 10 年千倍增值传奇。

广电运通

以创新的科技便利人类生活

与我们生活息息相关的隐形冠军

这是一家神奇的企业，头戴很多“第一”和“唯一”的光环。许多人没听过它的名字，但是一定用过它的产品。

当我们在 ATM 存取款的时候，当我们在自助取票机取票的时候，当我们在机场安检的时候，当我们在地铁扫二维码过闸的时候，当我们在便利店刷脸购物的时候……我们感慨生活越来越轻松便利，感慨科技改变生活，却往往没有再深入追问：哪些人、哪些企业在背后默默地为我们的生活提供便利？

这其中一家公司就是广州广电运通金融电子股份有限公司（以下简称“广电运通”）。广电运通创立于 1999 年，是国有控股的高科技企业，主营业务覆盖智能金融、交通出行、公共安全、政务便民、大文旅、新零售等领域，致力于为全球客户提供运营服务、大数据解决方案及各种智能终端设备，是国内知名的人工智能行业应用企业。2007 年广电运通在深圳证券交易所 A 股成功上市。

2020 年广电运通成立 21 周年。20 多年来，广电运通初心如磐，砥砺更新。

作为广电运通早期发展的亲历者之一，叶子瑜这位“老无线电厂人”见证了广电运通的诞生、发展与飞跃。公司的每一个脚印、每一次探索、每一次攻关都印在他的脑海里。那些差点错过的转瞬即逝的机遇、技术上被国外四面围堵的绝路逢生、首批“吃螃蟹”的破釜沉舟，至今提起，尽管言者云淡风轻，闻者却仍感惊心动魄。

老军工人死磕，绝不让外国人“卡脖子”

广电运通的前身是中外合资的广州运通科技工程有限公司（以下简称“运通科技”）。1989 年，运通科技成为国内第一家拥有自主研发技术的 ATM 制造服务商。

当时叶子瑜从上海交通大学电子工程系毕业被分配到广州无线电厂已经工作 6 年了。那个火热的年代正是乡镇企业崛起和高速发展的黄金时代，市场受

到冲击，国企慢慢失去了竞争力。1992 年，广州无线电厂经营陷入困境，全厂负债两个亿，近 2000 名员工被称为“十万负翁”。30 年前的两个亿，可是个天文数字啊！

1995 年，广州无线电厂改制成为广州无线电集团，是一个完全国有的集团控股公司。下面各个二级企业按照现代企业制度来运作。

1999 年，广州无线电集团通过资本运作，兼并了原来做金融电子的合资企业运通科技，接管了合资企业的市场和服务网络，打造了新品牌广电运通。

合资企业的优势是经营比较灵活，而广州无线电集团在技术底蕴、研发管理、内部规范方面更具优势。广电运通融合双方长处，扬长避短，蓄势待发。

叶子瑜被集团派过去担任副总，可是一上任就遇上了棘手的难题，当年金融电子产业主要的核心技术只有国外有，ATM 出钞机器里面出钞的核心模块几乎被英国、日本和美国的几家公司垄断。

"那我们怎么办？任人摆布？"叶子瑜回忆道："我们觉得这个核心模块决定了公司的竞争力。我们做军工出身的，很多技术都靠自己研发。广州无线电集团以及它的员工有这种自主技术研发的基因。我当时已经在这里工作了16年，也继承了这种基因。"

到合资企业后，叶子瑜主要管技术，决定立项研发。广电运通在2000年和2001年前后立项自主研发出钞机芯、存款机芯（从单张到多张），还有存取款机芯。从最核心的技术开始立项，到2005年单张的设计定型、2007年的出钞机芯大批量使用，再到2008年存取款机芯研发取得突破，设备开始打入国际市场。先是经过5年把出钞机芯技术攻关了，再过了3年，又通过了存取款机芯的技术难关。

在国际市场，广电运通已建立9大全球分支机构，产品及服务已进入全球100多个国家和地区。同时，公司在国内市场的智慧银行网点等优秀解决方案不断推广至国际市场，已助力俄罗斯、阿根廷、墨西哥、土耳其、新加坡、泰国等国家及地区的智能金融服务快速升级。

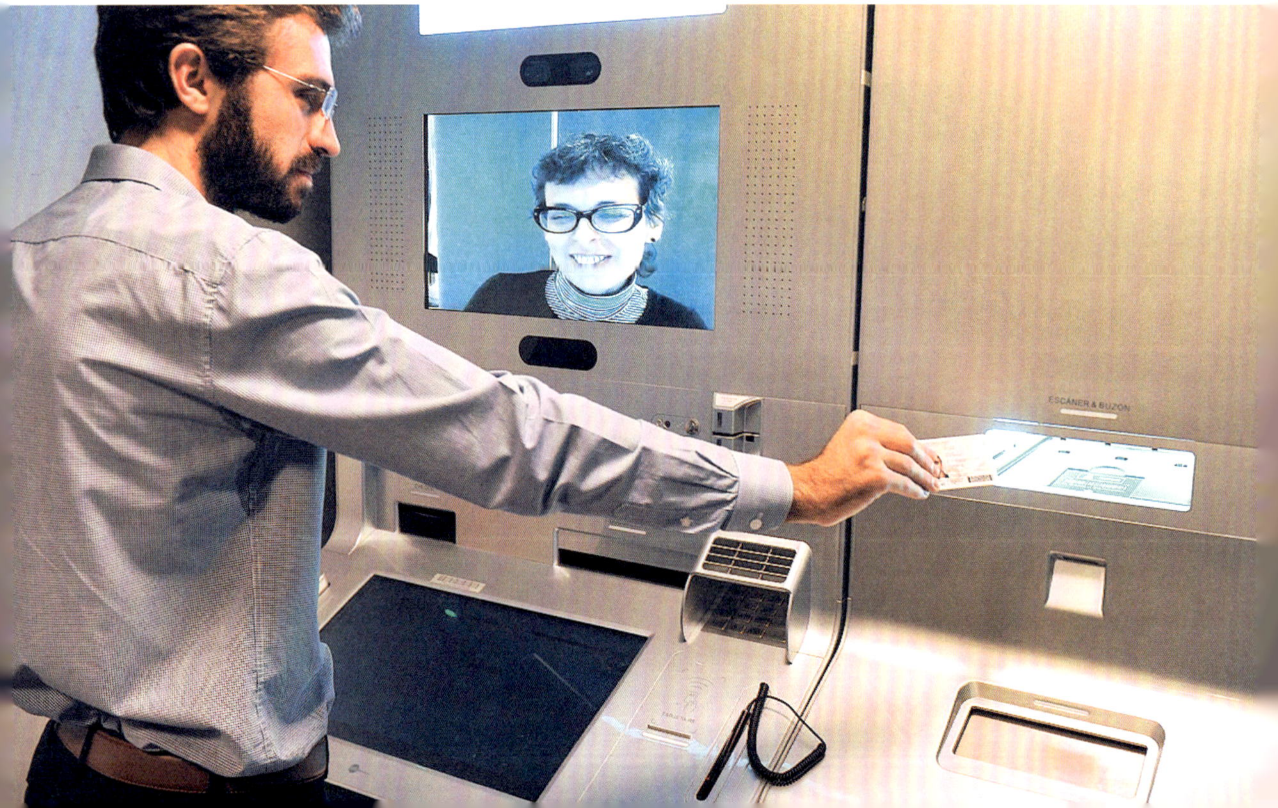

工程师蓄须明志，不攻下难题不剃胡子

在技术研发的过程中，遇到困难在所难免。叶子瑜聊起当年国外公司设置的种种障碍："首先是专利障碍，像日本的富士通、日立，美国的NCR等在中国已经有好多专利。作为后来者，你不能去抄袭别人的东西，申请专利要想办法绕开它。设计本来很简单，可是因为要绕开它变得复杂。知识产权常被作为一种战略武器来阻击后来者的发展。当时我们要做机器最核心的出钞机芯，从立项到出成果的5年多相当艰难。"

面对困难的态度，则决定了公司的前途。

抗日战争爆发后，中国四大名旦之首梅兰芳蓄须明志，罢歌罢舞，息影舞台，其间汪伪政府与侵华日军数次登门要求梅兰芳重新登台，均遭拒绝。直到抗日战争胜利，梅兰芳才剃去胡子，重返舞台，成就了一段流传青史的佳话。

在广电运通，也有这样蓄须明志的佳话。

叶子瑜至今提起这段故事都很感动："有的工程师从学校招进来时意气风发，发誓机芯研发不出来，就不剃胡子。之后，又有工程师也立下同样的誓言。到了攻坚战阶段，因为产品涉及电子设计、机械设计、软件、硬件，还有造型。整个团队围着一个桌子来办公，以最快的效率来解决技术问题。最终这个技术研发出来以后，整个团队都很激动。我们研发出这个技术以后，基本上彻底打破了国外垄断的局面。现在不单是国内用我们的机芯，像意大利的一些老牌公司，以前用英国的机芯，现在也改用我们中国的机芯。还有俄罗斯以及一些发展中国家都用我们的产品。"

就是这些"胡子拉碴"的工程师，凭着死磕到底的决心，攻下了一项又一项技术难关。正因为拥有这些充满激情的员工，广电运通才得以不断进步，才能在行业内始终保持领先地位。

近年，随着新一代科技革命的兴起，公司再次主动变革，把人工智能技术作为提升客户业务运营效率和质量的关键，全面布局场景、数据、算法及算力四大人工智能要素，积极构建面向未来的竞争力，战略聚焦智能金融、智能交通、智能安全、智能便民四大领域，科技赋能并推动传统产业升级。

把人才放在第一位，首批“吃螃蟹”搞“混改”

技术是企业的核心竞争力，而技术不会凭空产生，它来自人才价值的充分发挥。公司的发展之源是人才，必须要有好的机制和体制吸引人才。

为了让人才的价值充分体现，让付出有相对应的合理回报，广电运通做了第一个“吃螃蟹”的企业。

2002 年广州市政府下发文件，鼓励国有企业或者国有控股企业里的经营骨干，包括营销的骨干、技术的骨干和管理的骨干持股。下文后广州市真正行动的企业不是很多。

“但我们做了，”叶子瑜说，“在国企里面搞员工持股，要合法合规。每一份国有资产，就算是一条板凳、一张书桌也要算得清清楚楚。要坚持拟定公平公正的员工持股的股价，要符合国资管理的整个严格要求。我们在 2003 年大概拿出百分之十几的股份，给到 40 多个技术骨干员工手里。员工持股相当于将员工与企业捆绑成利益共同体，国家、集体、个人共同进步，共享发展成果，真正的主人翁精神就体现出来了。实践证明这条路是正确的，效果非常好。这与现在习近平新时代中国特色社会主义思想里面的要求是一致的。”

企业怎样长期保持稳定发展？叶子瑜一直主张，广电运通甚至包括将来广电运通的子公司也好，分公司也好，一定要搞“混改”。要有激励制度和利益分配机制，同时也要对这些进行监管。要把核心骨干的积极性调动起来，让他们一起参与公司经营，分享公司经营成果。

“如果你光顾公家，不关心员工，那企业也是搞不好的。当年推行混改时候觉得还是有点困难，因为人的思想是一步步开放的，现在就很容易理解。有了优秀的人才，他们会给你谋篇布局；有了优秀人才，他们会给你掌握核心技术；有了优秀的人才，他们会给你把订单拿回来；有了优秀人才，他们会把运营搞得妥妥的；有了优秀的人才，他们会把维护搞得妥妥的：人才是最核心的。人才政策的背后就是体制机制的创新，就是人的竞争。而我们早在 2003 年就通过体制机制的创新，鼓励企业技术骨干持股以保证优秀人才队伍稳定。”

同时，要培育正能量的企业文化，在公司倡导知识创新，支持员工讲诚信，

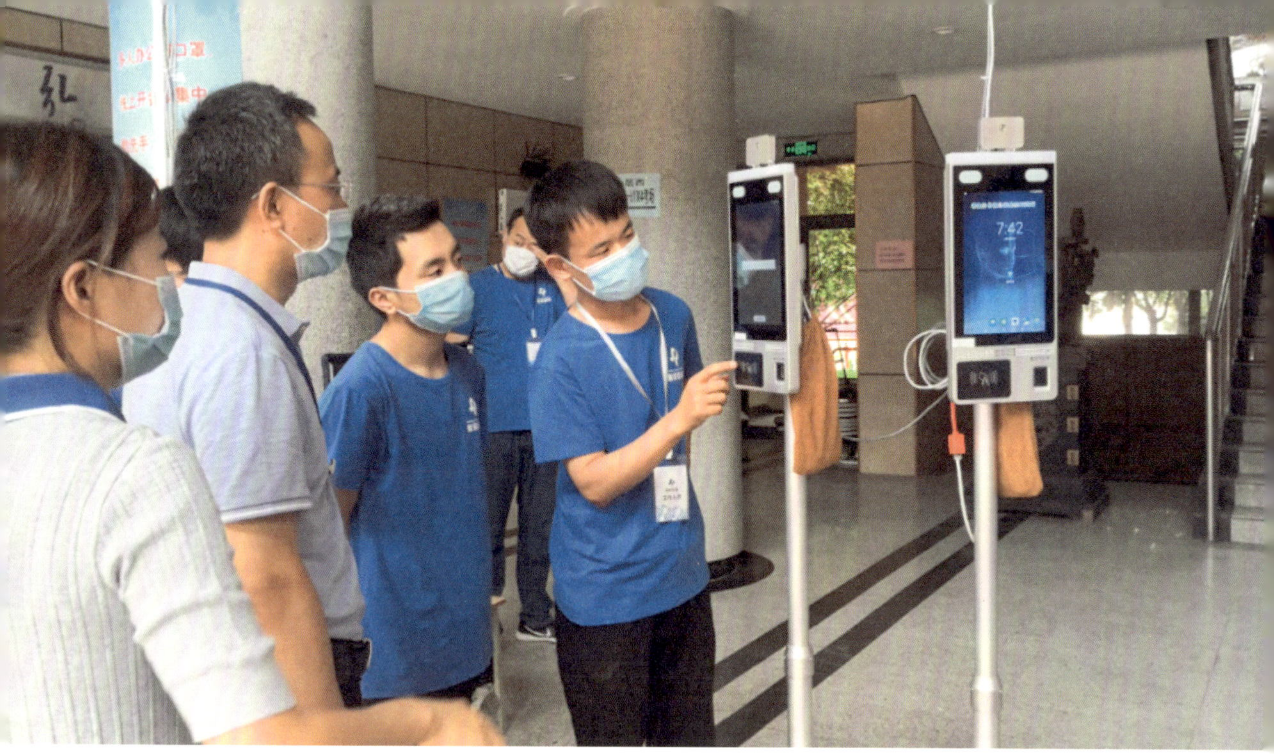

支持员工敢于与不良现象做斗争，反对偷工减料，反对不重视质量，反对偷鸡摸狗。这样旗帜鲜明形成的企业文化有个最大的特色：“我所说的打造做事的平台，指的是人来了就做事，意味着我们‘活累人不累’，或者是‘活累心不累’。”

只有这样才能形成人才与企业的良性循环发展，个人与集体共同进步。

视质量为企业尊严，用实力为质量强国战略献力

质量是公司发展的基石，而整个公司的综合管理是质量的保证。公司为员工提供一个成长的平台，员工帮助公司解决技术问题，进而自身成长为技术专家。具备良好的管理体系，才能进行可持续的生产及创新。

广电运通所研发的机器可以支持每秒钟处理 20 张钞票，并判断其真伪及面值。同样技术的设备，从国外进口需要 40 多万元，而广电运通生产的设备只需要不到 10 万。掌握不了核心技术，国产设备就会缺乏竞争力，所在行业就会被国外企业垄断。因此国家才将质量问题提到战略层面，制定了质量强国战略。

2019 年，广电运通荣获广东省政府质量奖，这是广东省质量最高奖。

质量奖的评定要求非常严格，参评过程帮助企业将管理体系建设得更加完善。拿到质量奖，是对企业工作的认可。

叶子瑜很喜欢胡适的一段话："人生的意义不在于何以有生，而在于自己怎么生活。你若情愿把这六尺之躯葬送在白昼做梦之上，那就是你这一生的意义。你若发愤振作起来，决心去寻求生命的意义，去创造自己的生命的意义，那么，你活一日便有一日的意义，做一事便添一事的意义，生命无穷，生命的意义也无穷了。"

对于叶子瑜来说，有意义的人生就是高质量的人生。对质量的不断追求，便是对人生的不断求索，意义便因此产生。

做政府的左膀右臂，不忘初心回馈社会

坐落广州，得益于优越的区位优势，广电运通解放思想走在前列，当年叫"杀出一条血路来"。叶子瑜非常感谢广州市政府的开明与前瞻："我们一系列的改革、改制都是在广州市政府主导、国资委配套政策支持下进行的，所以地方政府功不可没。不仅是精神上、政策上的支持，广东省经贸委、广州市经

贸委还给予我们科研资金的资助。营造好这个大环境，我们改革的步伐才可以稳健前行。”

当年公司成功进行股改绝对离不开政府的引导和支持。

20年来，广州软件业风起云涌，涌现出一批名牌企业，产业规模从2000年的30亿元猛增至2020年的4280亿元，增长141倍多，成为支撑广州经济转型升级的重要生力军。

广电运通作为扎根广州的人工智能科技企业，既是广州软件业发展的见证者，也是重要的参与者，始终与国家同频，与时代共振。多年来，广电运通“摸着石头过河”，精准聚焦金融主业，同时快速扩展人工智能的产业增量，在各领域为客户构建智能化应用与场景，为蓬勃发展的广州软件产业种下创新、奋进的基因，助力提升广州软件产业整体形象。

在政府支持下，广电运通高歌猛进。自成立以来，广电运通始终坚持市场导向，积极推动业务创新和战略变革。公司从国内银行ATM市场起步，自主研发钞票识别核心技术，并积极探索国际市场，横向拓展营运业务、轨道交通业务。围绕行业同心多元化战略，公司推动设备维保业务独立运作，并通过内延外购，形成金融服务外包全产业链。公司位于广州市黄埔区、广州开发区科学城，经过20多年的发展，已成为集智能终端研发、制造、营运、服务为一体的行业龙头企业。

达则兼济天下。“发达”了的广电运通不忘回馈社会，不仅积极纳税，主动承担各项社会责任，在汶川地震等自然灾害发生后都尽全力捐款捐物，还特别关注下一代教育，培育有社会意识的公民。

广电运通党委班子、各党支部书记和部分党员代表、入党积极分子为鱼湾小学捐赠书籍和学习用品，以助学扶贫的方式向贫困学生奉献爱心。携手中国社会福利基金会“免费午餐基金”，为湖北鹤峰山区贫困留守儿童捐赠“想妈妈”爱心视频机，在当地留守儿童与进城务工父母之间架设沟通桥梁。与中国下一代教育基金会共同建设“天使梦想屋”为山东菏泽单县希望学校捐赠“天使梦想机”，用科技力量为留守儿童送上关爱，帮助他们快乐成长。每年的六一儿童节是广电运通开放日，产业园迎来员工家里的“小大人”，为他们的童年带来科技的启蒙。

助力黄埔打造粤港澳大湾区创新中心核心枢纽

2019年广州市黄埔区、广州开发区提出在粤港澳大湾区建设中明确定位，围绕“世界知识城、湾区创新源、国际人才港”目标，全面对接广深港澳科技创新走廊，全力打造粤港澳大湾区创新中心核心枢纽，展现黄埔的新担当、新作为。

黄埔区紧抓粤港澳大湾区建设这个“纲”，已规划建设粤港澳青年创新创业基地，组建粤港澳大湾区知识产权、区块链等一批协同创新联盟，中新广州知识城成功纳入粤港澳大湾区规划。

广电运通2005年来到黄埔区之后，与黄埔区共同发展。多次参与黄埔区智慧城市、科技新基建等项目。

2007年7月16日，广电运通（广州科学城）产业园在广州科学城科林路广电运通产业基地奠基。时任广州市萝岗区政府副区长在仪式上表示，广电运通选择在科学城建设产业园，标志着广电运通的业务发展又迈上了新台阶，也充分表明了广电运通对广州开发区良好投资环境的肯定与青睐。该产业园建成投产后，不但有利于公司大幅提升其产品的生产能力，更有助于增强广州开发区区域自主创新能力，促进区内高新技术产业的大发展。

2010年11月1日，我国最权威的ATM专业研究机构——广电运通研究院挂牌成立。同时，全球最大的高端ATM生产基地——广电运通产业园也正式全面启用。

2020年6月5日，由广州市公安局黄埔区分局与广电运通等公司共同建设的智慧城市实验室、智感安防联合实验室揭牌，广电运通智感安防大脑以AI+大数据融合分析技术赋能社区警务业务场景，帮助基层派出所建立态势感知、主动防控、精细管控、精准打击的新型警务工作模式，有效解决社会发展转型新时期下治安形势复杂和治理不够精细等问题，构建起“打防控”一体化智慧新防控平台，全面构建治安防控“最后一公里”多维信息动态感知体系，精准服务基层实战，提升重大风险预测预警能力，为加速推进智慧新警务“黄埔样本”的建设，努力实现黄埔公安战斗力和社会治理能力的跨越式发展助力。

2020年7月，广电运通新一代AI智能设备产业基地在黄埔中新广州知识城奠基。今后，这里将建成占地面积6.6万平方米、建筑面积20多万平方米的智能产业基地，成为广电运通实现人工智能生态愿景的重要支撑。作为“科技新基建”的相关项目，广电运通AI产业基地的建成亦将更好地满足人工智能市场快速增长的巨大市场需求，助力粤港澳大湾区以创新引领高质量发展，全力推动黄埔区打造粤港澳大湾区创新中心核心枢纽的进程。

广电运通始终坚持自主科技创新驱动战略，已建立“专家委员会+研究总院+专业研究院”的研发组织体系，已连续多年年均研发投入占比超过营业收入的8%。广电运通设立了国家级企业技术中心和国家级工业设计中心、博士后科研工作站、国家CNAS（中国合格评定国家认可委员会）认证实验室、城市轨道交通系统安全与运维保障国家工程实验室、金融智能终端系统安全技术国家地方联合工程研究中心等研发机构。

目前，广电运通拥有有效授权专利超过 2100 项，主导、参与制定或修订 20 多项国家标准，国内首家完成全部主流生物特征识别国家标准布局，牵头主导粤港澳大湾区首个金融标准的制定等。

面对新一轮科技革命浪潮，广电运通将继续聚焦金融主业，同时快速扩展人工智能的产业增量，在各领域为客户构建智能化应用与场景，致力于成为领先的人工智能全栈式服务商，使城市生活更加智慧、安全、便捷；进一步解放思想、改革创新，推动国有企业不断做强做优做大，认真履行政治责任、经济责任、社会责任，不断为国家、用户、合作伙伴、投资者和企业员工创造价值。

文 / 朱卫卫

获得的荣誉

- 国家规划布局内重点软件企业（2021）
- 2020年金融领域企业标准“领跑者”（2021）
- 中国工业大奖（2020）
- 中国软件综合竞争力百强企业（2020）
- 电子信息行业优秀企业（2020）
- 2019年（第18届）中国软件业务收入前百家企业第35位（2020）
- 2020年广东省大数据骨干企业（2020）
- 2019年度广东省政府质量奖（2020）
- 金融智造与服务广东省新一代人工智能开放创新平台（2020）
- 国家级工业设计中心（2020—2023）（2019）
- 第一批制造业单项冠军示范企业（2019）
- 2018年度信息系统集成及服务行业大型骨干企业（2019）
- 广州市总部企业（2019）
- 中国服务外包百强企业（2018）
- 国家知识产权示范企业（2017）
- 服务型制造示范企业（2017）
- 广东省知识产权重点保护企业（2017）
- 国家智能制造试点示范单位（2016）
- 国家技术创新示范企业（2015）

黄文林

『黄埔有故事』讲述人

广州达博生物制品有限公司董事长兼首席执行官

- 2018 年广州市黄埔区广州开发区杰出人才（2018）
- 国家科学技术进步奖二等奖（结直肠癌个体化治疗策略创新与应用项目）获得者（2016）
- 2015 年中华医学科技奖一等奖（结直肠癌的个体化治疗研究和应用）获得者（2015）
- 国家特聘专家（2012）
- 广州市创新创业领军人才（2011）
- 广东省科学技术奖一等奖（肿瘤基因治疗的基础和关键技术研究项目）获得者（2011）
- 第十二届中国专利奖金奖获得者（2010）
- 享受国务院特殊津贴专家（2008）

- 由黄文林创办的广州达博生物制品有限公司（以下简称“达博生物”），专注于抗肿瘤靶向治疗药物的开发及转化。
- 经过十多年创新发展，公司在抗肿瘤药物研发领域处于国内领先地位。
- 黄文林多年来的心愿，就是为中国医药事业做出自己的贡献，让肿瘤患者享受21世纪的新技术带来的治疗效果。
- 目前，达博生物拥有中国第一个完成临床Ⅲ期的基因治疗药物重组人内皮抑素腺病毒注射液（E10A），用于治疗头颈部肿瘤。

达博生物

中国自主研发抗肿瘤药物领域第一梯队企业

“21世纪是生物科学的世纪。”

相信类似的判断我们过往听闻不少。21世纪刚过去20余年，生物技术就逐步显现出它的潜力。尤其是2020年以来的变化，“核酸”“抗体”“病毒”这些生物科学概念已广为人知。

生物药，作为生物技术的集中体现，直接造福病人与社会。进入21世纪后，生物药气势如虹，显著改善了治疗的效果。从市场角度看，基因治疗得到了更多的验证，各种生物技术与制药的融合交叉让精准治疗得到发展。

这就是全球生物药的大势。

作为目前最新的治疗技术之一，基因治疗代表了药物研发的前沿，吸引了越来越多的资本与药企的关注和投入。得益于中国经济的腾飞、市场容量以及生物专业人才的培养与回归等有利因素，由黄文林创办的达博生物乘势而上，专注于抗肿瘤基因治疗药物的开发及转化。这家位于广州市黄埔区科学城内的国家高新技术企业，在中国生物药研发的格局中举足轻重。

这，是达博生物的优势。

与医结缘的初心

童年时期，面对生活的困苦，黄文林早早懂得，物质通过劳动创造才能产生，生活要靠双手才能改善。那时，黄文林暗暗立志，自己一定要学有所成，无论什么事情，都要持之以恒。

当时的农村缺医少药，这让从小就想学习一门技术的黄文林，萌生了当一名医生的想法。当时，地方医院招收了一批学员，训练他们成为农村地区的赤脚医生，黄文林就是其中之一。后来黄文林考进医学院，因为在校期间成绩优异，毕业之际，他被分配到湖北微生物研究所（现中国科学院武汉病毒研究所）工作。

这跟他的理想有些差距。本来学医是想当医生给人看病，但现在每天都是跟“看不见”的微生物打交道，这让他有些失落。但黄文林没有放弃，依旧好好学习、认真工作，等待机会。

当时黄文林的英文水平很差，主任孙富林拿着一本英文期刊严肃地告诫他：“你在科研院所待着，不会英文，看不懂英文文献，就是睁眼瞎，就无法做学术，将来只能在研究所扫地。”这句话深深地刺激了黄文林。

彼时“文革”刚结束，人心浮动，夜里总是有人来研究所偷实验室里的实验动物。于是所里领导让黄文林在动物实验室值班，并给他安排了一个小隔间。小隔间只能放下一张床和一张桌子，紧邻动物实验室，气味难闻。但黄文林觉得好歹拥有了自己的小房间，便住了下来。他买来一本英文词典开始背单词，每天把单词抄下来贴在墙上，反复背诵。之后的几年里，小房间的墙壁被英文单词贴满，并更换了一次又一次。

生活中黄文林努力学习英文，工作中黄文林也在寻求突破。当时的黄文林深知自己医学知识基础薄弱，很难做深入的研究课题，决定将自己的研究转化

为产品。于是他找到刚从英国学习归来的所长丁达明，申请办一个药厂。丁达明并没有立即拒绝黄文林，他让黄文林先做一份计划书给他。经过反反复复的修改，丁达明最终认可了这份计划书，同意了黄文林的申请。

黄文林向丁达明要了 3 个技术人员、200 平方米的厂房、30000 元的资金，他还另外招了 5 个临时工。5 个月之后，第一批干扰素产品做了出来。通过了质量监督和质量控制，办好了三证和执照，产品开始批量生产并对外销售。才几个月的时间，工厂就赚到了 100 多万。

首次创业成功，并没有让黄文林沾沾自喜，反而让他察觉到自身的学术瓶颈。为了学习更多的专业知识，经过一番努力的黄文林被普林斯顿大学录取，如愿踏上了赴美求学之路。

1998 年，黄文林成为普林斯顿大学分子生物学系项目负责人、纽约高等病毒研究所资深科学家。这一年，他 45 岁。接下来的 3 年，他几乎把所有的时间都用在了实验室里。凭借两块面包、一个苹果、一瓶水，他就能在实验室里待上一整天。困了、累了，他就趴在试验台上眯一会儿，醒了继续看书做实验。在冷板凳上，黄文林慢慢地蹚出一条自己的学术之路。

短短3年间，他重组出一种腺病毒，利用人血管生成抑制因子——内皮抑素的抗血管生成作用，通过将腺病毒整合到腺病毒载体，定向作用于肿瘤部位，抑制肿瘤周边及肿瘤实体内血管生成，使肿瘤处于无营养状态而凋亡，从而达到治愈的目的。黄文林笑称，这项科研成果是他在美国留学期间的“副产品”。

“驯瘤”事业的起航

2001年，在中国驻纽约总领事馆教育组参赞袁东及一秘黄康平领事的推荐下，教育部邀请黄文林回国。他毫不犹豫地辞去纽约高等病毒研究院资深科学

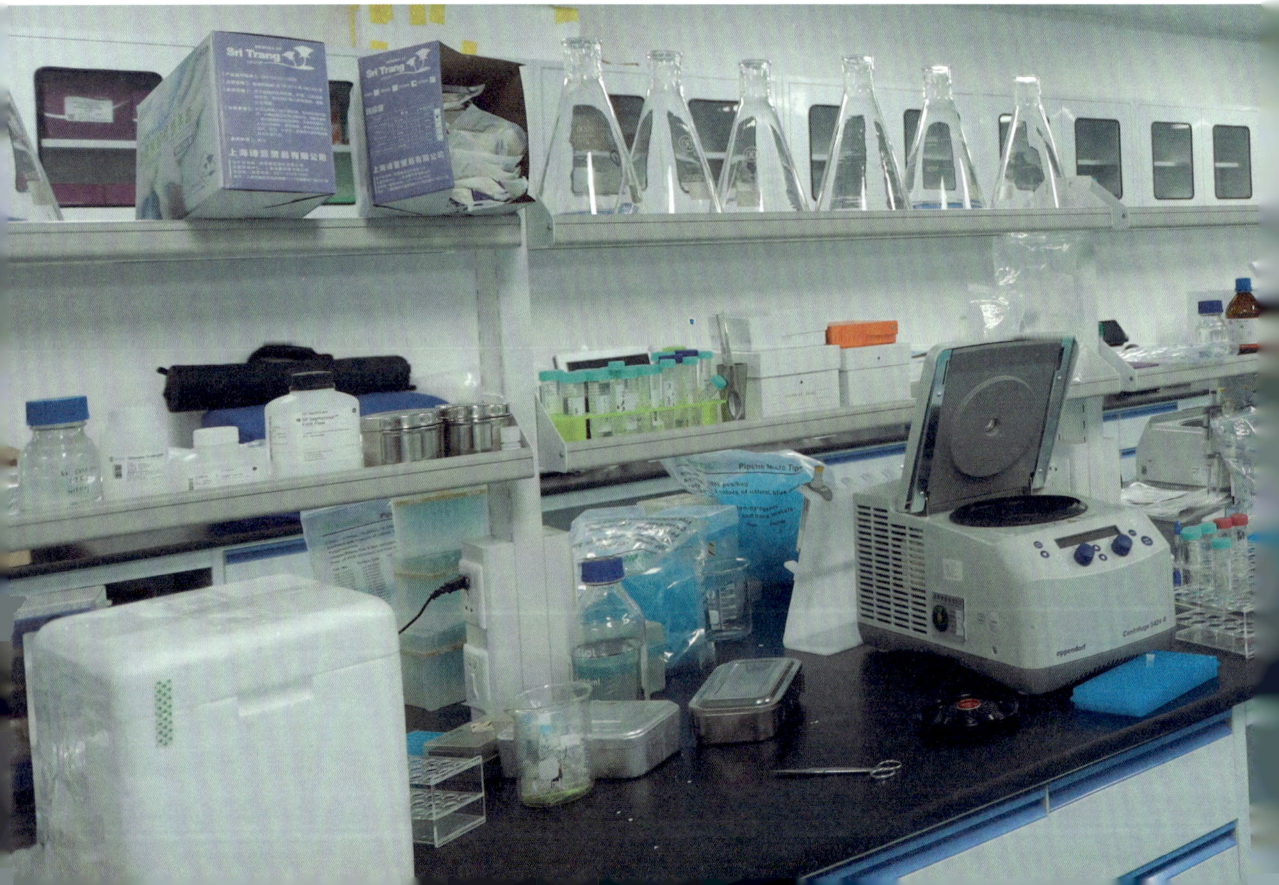

家及病毒实验室主任的职位，回到中山大学任职，并兼任深圳生物港首席科学家等职务。

“那个时候中国经济发展很快，创业机会多，但中国科技实力跟美国还有一定差距，我想回来为医学事业的发展做一些贡献。”提起当年回国，黄文林还能记起那时的画面，“飞机盘旋在纽约上空时，我能够看到脚下城市的灯火辉煌，而在广州上空时，只能看到星星点点的灯光”。

基因治疗药物，是在人类基因组学及疾病基因组学的基础上于20世纪90年代发展起来的一种新兴的治疗技术及药物，是精准医学的重要组成部分。其原理是利用人体的正常基因替代突变或沉默的基因，以达到治疗单基因或多基因变异引起的疾病，包括糖尿病、心血管疾病、肿瘤、儿童罕见病等。

黄文林回国后的第一件事，就是将自己此前发现的“人血管内皮细胞生长抑制因子的重组病毒”技术申请专利，这项技术在2004年得以授权专利。2010

年，这项技术还获得了第十二届“中国专利金奖”。基于这项专利技术，黄文林研制出了抗肿瘤国家1类新药——重组人内皮抑素腺病毒注射液（E10A），该注射液引起《科学》杂志的关注，被其列为中国基因治疗的代表性成果。

在中山大学肿瘤防治中心担任教授的第一年，黄文林没有薪金。那时的他，拥有的仅仅是一张快要散架的办公桌和一间4人共用的办公室，跟他在美国优越的办公生活条件形成鲜明对比，这一度让他有些不适应。纽约总领事馆苗康平领事现场考察后，发现与纽约办公环境反差太大，担心他因此放弃，但很快，黄文林就想通了，“我回国不是来享福的”。

在中山大学肿瘤防治中心担任教授的3年时间里，他先后获得了2个“863”、2个“973”课题，以及多个省科委的重大项目。随后又相继获得国家重点实验室自主研究课题、国家自然科学基金重点课题。在一般人的眼中，这是不可想象的。

非典时期，作为分子病毒学的专家，黄文林责无旁贷地战斗在科研协作的第一线。阻碍和委屈都没能使他放弃，他相信“做事不是做给别人看的，而是要把事情做出来”。

达博生物的坚持

早在美国学习工作的时候，黄文林就注意到，中国恶性肿瘤的发病人数呈逐年上升趋势，其中实体肿瘤患者占比达 85%。按照实体肿瘤的治疗适应证、5% 的患者保守使用率计算，抗癌产品的年需求量可达 255 万剂。而当时中国医药市场还是以仿制药为主导。“我当时就想，中国人不能一直用外国的抗癌药。”在通向精准医疗的路上，黄文林有美好的愿景。

但他深知，任重而道远，美好愿望的实现，还需要他们不断吸取新技术，进行产学研的有效整合，为市场提供高品质的生物医疗产品。

所以，达博生物自落地黄埔以来，始终以技术研发为核心，长期致力于抗肿瘤基因和靶向治疗创新药物开发，已形成相对完整的研发体系：建立了以黄

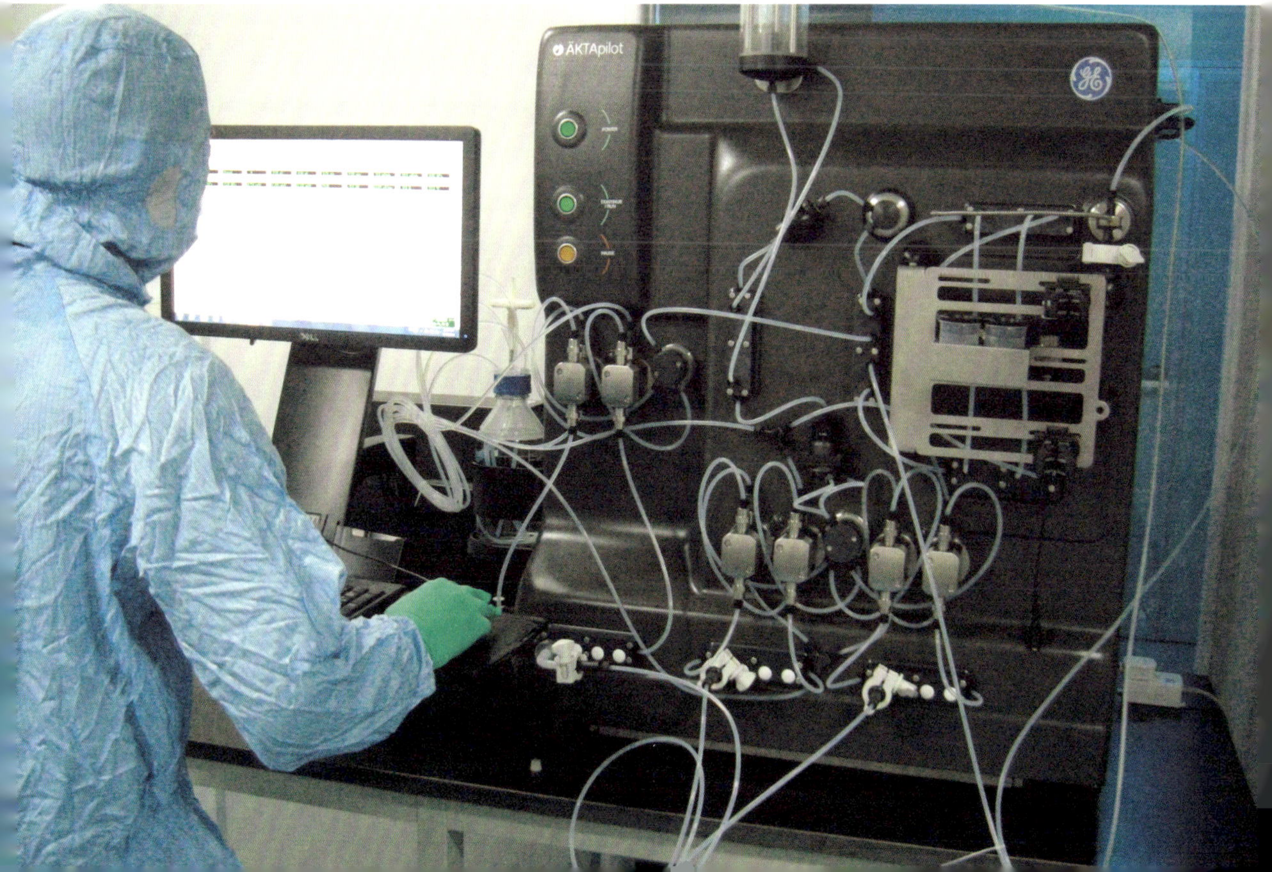

文林为首席科学家的技术研发团队，核心成员大多拥有博士学位，与国内外的行业专家及院校建立了密切的合作关系。在基因药物的临床试验及中式生产方面，达博生物的技术始终处于国内领先地位。

说起回国创业的经历，黄文林表示很感谢中山大学附属肿瘤医院这个平台，以及曾益新院士对他的帮助。曾益新院士可以说是黄文林创业路上的“贵人”。在这位“有大智慧，有包容心”的领导的帮助下，黄文林在事业上不断取得突破。黄文林事无巨细地参与公司事务，对于施工图纸、施工材料等，他都会仔细检查，这也是他这么多年来一贯认真严谨的工作风格。

和所有的创业者一样，创业之初黄文林陷入过缺钱的困境。为了融资，他经常熬通宵写招商计划书，并四处“赶场”，但却一次次被拒绝。很快，他带回国的 500 万元就花完了。没钱建厂房，没钱买设备，他只好四处借钱。2007 年春节，黄文林连员工的工资都发不出来了，他只好把自己在美国的房子卖了，给员工们发工资回家过年。10 多年来，他累计投入超过 5000 万元。

经过长期耕耘，从黄埔起飞的达博生物已建立了国际领先水平的基因药物开发平台，掌握的尖端核心技术使公司具备了持续开发新药的能力。其作为依托单位建设了 2 个抗肿瘤药物研发省级企业重点实验室（工程实验室）和 1 个基因治疗市级企业重点实验室。在 3 个实验室平台支撑下建立了 5 个新药研发功能平台，包括基因治疗药物工业化生产及质控平台、细胞生物治疗研发及应用平台、肿瘤疫苗及特异性免疫治疗产品平台、抗肿瘤先导大分子候选药物的构建及药效学平台等。黄埔区发展和改革局、广州开发区发展和改革局也积极为其产业项目向上争取专项资金支持。

“现在中国市场上，国产的抗肿瘤药物占比估计只有 30%，绝大部分是美国和欧洲进口药，价格昂贵。我们的新药上市后，将使国产抗肿瘤药物再添新成员，也将是中国自主研发的第一款抗肿瘤基因药物。”说起自己摸索了 10 多年的抗肿瘤基因药物，黄文林难掩激动。

黄文林坚信，企业唯有做专做精、做强做大，才能抓住先机，才能成为行业领导者，“我们要专注于自己的事业，只要认真地做一件事，其实很快就能

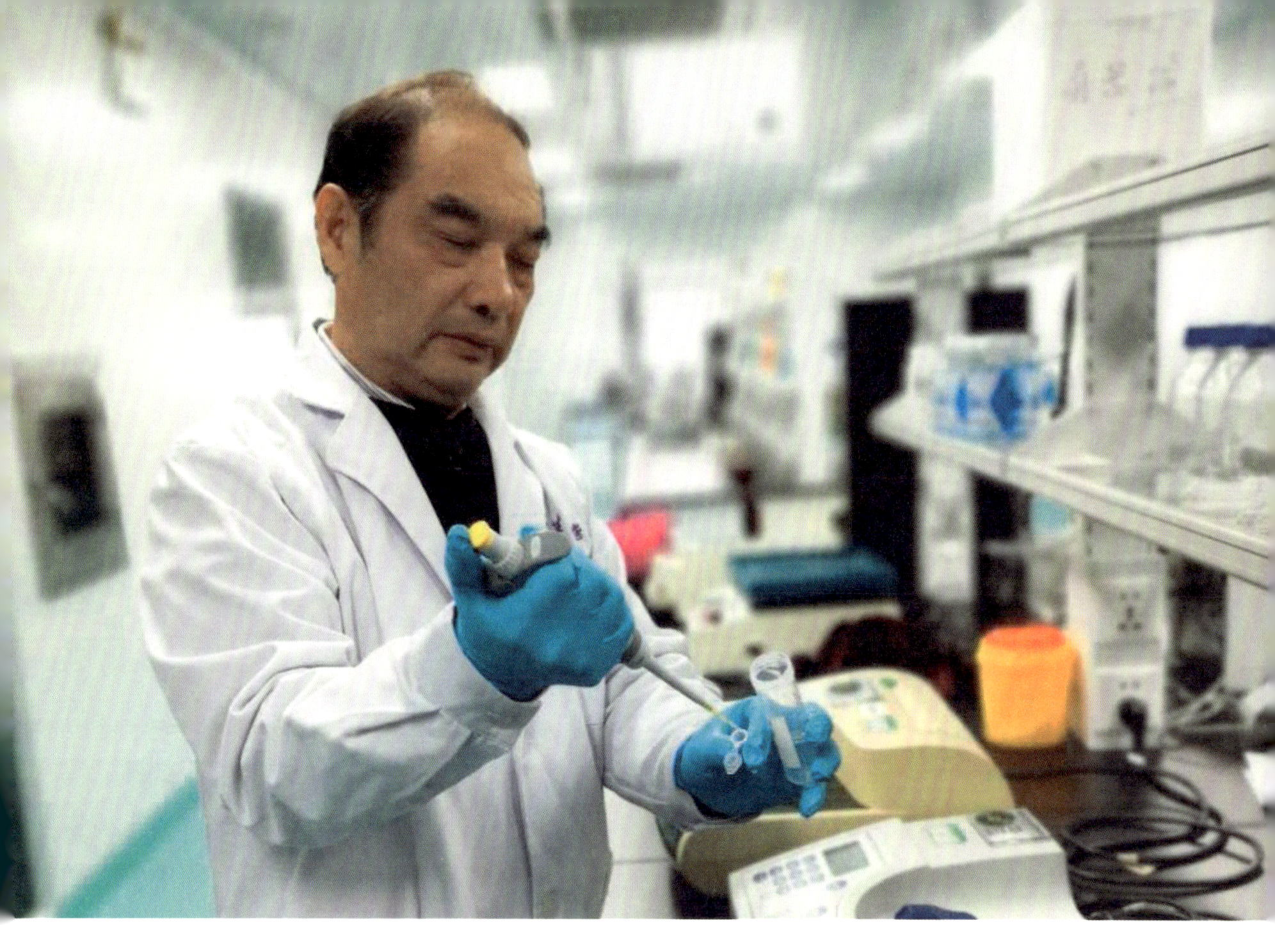

得到收获。人并不一定一辈子只做一件事，但是做好一件事就要认真投入”。

危机面前的担当

新冠肺炎疫情考验着各行各业的韧性与承受能力。作为生物制品公司，从抗癌到战“疫”，达博生物继续迎难而上，努力构筑着人类生命的安全防线，交出了自己在这场“大考”中令人满意的答卷。

无数个夜晚，位于黄埔区的达博生物实验室灯火通明。大部分时间，黄文林都泡在实验室里，有条不紊地进行着研发工作。

在广东省防治新冠病毒科技攻关专项中，达博生物牵头承担新型疫苗的开发生产课题任务。他们所研发的疫苗，采用的是“亚单位疫苗”技术。

黄文林介绍，在大分子抗原携带的多种特异性的抗原决定簇中，只有少量抗原部位对保护性免疫应答起作用。通过提取病毒的特殊蛋白质，就能筛选出具有免疫活性的片段，这样制成的疫苗就是亚单位疫苗。不久后，达博生物研制的疫苗便进入国家药监局快速审批通道，且综合测试结果良好，相关数据符合预期。

有了疫苗，人类就有希望掌握把新型冠状病毒关回“潘多拉盒子”的钥匙。来自黄埔区包括达博生物在内的7家科技企业，成为广东省新冠疫苗研制的绝对主力。

2020年8月18日，由广州市科学技术局、广州市人民政府国有资产监督管理委员会主办，大湾区科技创新服务中心承办的“助力抗疫攻关，彰显国企担当——抗疫企业专场路演对接活动”在广州举行，助力广州企业开展新冠疫苗研发和生产，加大重点科研攻关和产品研发生产的经费支持力度，为新冠疫苗研发生产按下“加速键”。

作为抗疫企业代表，达博生物参与了此次对接，并在疫苗生产方面，落成了“真核细胞载体（腺病毒）GMP生产车间”。通过产学研的结合，把科技用于疫情防护，省市乃至黄埔区的探索实践，无疑走在全国前列。

当聊到广州的创业环境，黄文林笑着坦言，广州的文化包容性很强，人文环境、自然环境、政策环境都很不错，岭南文化的务实包容精神在这片土地上得到充分证明。来到黄埔区之后，他能感受到这片具有光辉历史的热土，如今也正成长为一片投资的热土。一流的产业生态、一流的创新氛围、一流的投资环境、一流的政策服务，赋予了“到黄埔去”新的时代内涵，让黄埔区倍受企业家们的青睐。

文 / 张婧婧

获得的荣誉

- 广东省高新技术企业（2020）
- 广东省新型抗肿瘤疫苗工程实验室（2013）
- 广东省肿瘤靶向治疗新药研发企业重点实验室（2011）
- 广州市基因药物研发企业重点实验室（2011）

熊爱武

『黄埔有故事』讲述人

广州欧科信息技术股份有限公司董事长兼总经理

- 中国测绘学会文化遗产保护专业委员会副主任委员（2019）
- 广州市高层次人才优秀专家（2019）
- 广州市黄埔区文化创意产业专家库成员（2019）
- 中国测绘科技进步一等奖（文化遗产数字资源智能化构建与应用项目）获得者（2018）
- 广州市黄埔区工商业联合会（总商会）第二届执行委员会（理事会）常委（常务理事）（2017）
- 中国测绘学会第十二届理事会理事（2017）

- 广州欧科信息技术股份有限公司（以下简称“广州欧科”）成立于2002年，落户于广州市黄埔区。
- 国内领先的自然资源与人文资源数据采集和系统集成服务提供商，面向自然资源部门和文化旅游单位提供专业的数据工程服务、软件开发服务及文化创意服务。
- 国家文物局首批智慧博物馆试点项目承建单位之一，参与制定了国家智慧博物馆行业标准，在智慧文博领域具有领先的行业地位。

广州欧科

文化遗产的现代传播使者

始于测绘地理，强有力的技术基点

文化自信是使一个国家、一个民族发展的最基本、最深厚、最持久的力量。中华文化源远流长、博大精深，如同一座宝藏，一旦探秘其中，就会终身受用。

成立于2002年的广州欧科，最初是一家传统的测绘地理信息技术服务公司，短短20载，广州欧科已成长为国内领先的地理数据和人文数据采集、软件开发、系统集成服务商，在智慧文博领域具有领先地位。广州欧科的迅速成长，与其创始人熊爱武有着密不可分的关系。

1968年，熊爱武出生于湖南新邵。其父亲是体育老师，母亲是语文老师，父母并没有过多干涉她的成长，只是每次都会让她在规定时间内做好一件事。在她小时候，父亲每天早上五点半都会带着她一起去跑步。她父亲认为，只要

身体健康，就能减少家庭的经济负担。

熊爱武大学就读于武汉大学测绘学院，学习光学仪器的设计与制造。大学毕业参加工作后，熊爱武是单位里最年轻的精密仪器维修工程师。

熊爱武工作认真负责，尤其愿意为客户着想。维修精密仪器费时费力，那时候交通不方便，很多外省的客户带着仪器千里迢迢来到广州。一般情况下他们会先回去，等半个月后再来广州取仪器。但熊爱武为让客户少跑一趟常常在一两天内加班加点将仪器维修好。熊爱武也因此赢得了许多客户的信任。

渐渐地，客户在购买仪器时也会找到熊爱武，让她推荐优质的产品，她仿佛成为客户们的咨询顾问。每次客户提出新的需求，对熊爱武来说是新的挑战，这让她开始思考自己的人生，她的人生轨迹也因此开始慢慢改变。

熊爱武报读了中山大学的在职研究生，根据客户的需求选择了 GIS（地理信息系统）的专业方向。研究生毕业时她就带领团队开发了广东省最早的房产测量软件，也因此收获了创业的第一桶金。

2002 年，广州欧科信息技术股份有限公司的前身，广州市汇志测绘技术有限公司（以下简称“汇志”）正式成立，主要业务是面向国土、规划部门提供测绘测量工程服务。在经营汇志期间，熊爱武有机会接触到更多优质的项目，大量的数据采集工作也为后来成立广州欧科奠定了基础。

布局文博领域，参与“南海一号”数字考古工程

2003年，正在事业发展期的熊爱武遇到了一位客户，这再次改变了她的人生轨迹。这位客户是北大考古系的博士，她找到熊爱武是希望利用高科技的手段记录考古的过程。熊爱武对这个想法产生了好奇，于是她带着团队来到考古工地进行考察。在考古工地她看到考古人员蹲在工地上一丝不苟地清理遗迹残骸，他们的专注打动了熊爱武。而回到办公室，双方面对面交流时，考古人员较高的知识素养，再一次让熊爱武折服。于是熊爱武踏上了一条崭新的道路——测绘与文化遗产相结合。她坚信两者之间会碰撞出奇妙的火花。

熊爱武说，广州欧科希望打造人文型的智慧城市，将历史文化遗产融入现代经济建设发展中。熊爱武认为，一座城市就像一个人，经过时间的沉淀，才成长为如今的面貌。在城市发展的过程中，一定要保护和传承历史文化遗产。

“当世界古文明即将成为遥远的绝响，在广州欧科，你依然可以听到历史的心跳。五千年最古老的心脏正迸发出最新鲜的血液，灿烂无比的中华文明在这里一脉相承。”当熊爱武深情地说出这段话时，我们仿佛看到了无数文化遗产，从历史的深处向我们走来，祖先的记忆在血脉中复苏，历史的长河在我们眼前奔流。

2007年，广州欧科开始接触“南海一号”的出水发掘工作。鉴于“南海一号”本身及其出水的文物意义重大，影响广泛，而其保护发掘又具有不可再生性，发掘周期漫长，对整个保护发掘过程进行信息化记录与管理是非常重要的。广州欧科结合考古现场的特殊性，专门研制了“考古发掘智能平台”，对发掘现场进行全方位、多角度的数据采集，最大程度保持数据的完整性，并实时传输采集成果，建立“南海一号”保护发掘资料信息管理系统，构建动态资料库，实现文物及发掘现场资料信息的全面信息化、规范化管理，为“南海一

号"后续的保护发掘提供了重要参考和决策依据，同时也保证了文物、沉船和人员的安全，确保了考古发掘工作的顺利进行。这个项目也获得了国家测绘科技进步一等奖。至此，广州欧科将自己的主营业务扩展到软件开发业务、数字考古领域。

2009年12月广州欧科正式落户黄埔科学城。谈起选择黄埔，熊爱武说这是综合考虑后自然而然的结果。"首先，作为广州历史文化名城的重要组成部分，黄埔区有着悠久的历史和丰富的文化资源，南海神庙就是古代'海上丝绸之路'发祥地。广州欧科作为中国文化遗产数字化守护者，自然优先选择自古以来就是华南门户、有着厚重的文化底蕴和丰富的历史遗存的黄埔区。其次，黄埔区优质的营商环境和良好的生态环境也深深吸引着她。广州市黄埔区、广州开发区在对文创产业的规划中，始终坚持文化与科技的结合。广州欧科的发展理念，与其背靠的黄埔区不谋而合。在这里，政府的工作人员是切切实实为企业和人民服务的，黄埔区政府是真正的服务型政府。公司在入驻黄埔区时，就得到区里场地租金补贴。这对我们来说，不仅仅是资金上的支持，更是一种精神上的激励。"熊爱武说道。

提供测绘与软件开发服务，助力智慧城市建设

找准方向之后就是努力干，2010年，汇志正式更名为广州欧科。同年，广州欧科通过CMMI3认证。广州欧科坚持走自主研发路线，近年来每年研发投入占营业收入比重均超过10%。为进一步构建在智慧城市领域的技术攻克与应用创新能力，广州欧科配备了强大的专家团队、完备的科研平台体系，搭建了测绘、地理信息、考古、博物馆、文化创意、计算机、互联网等多领域人才团队。

2012年，广州欧科联合中国工程院院士、中国测绘科学研究院名誉院长、摄影测量与遥感测绘专家刘先林成立广东省地理信息产业第一家院士工作站，为地球空间信息技术应用和国土空间规划保驾护航。此外，广州欧科还陆续建立了广东省时空大数据工程技术研究中心、广州市博士后创新实践基地、广东

省智慧博物馆科技协同创新中心，以及广东省联合培养研究生示范基地（中山大学），不断为企业乃至行业输送专业性人才。

广州欧科注重从知识产权上促进核心技术实力的落地，自主研发了多源异构数据融合、三维倾斜模型构建、建筑物结构化模型自动重建、基于深度学习的时空大数据高效管理与智能分析、破损物件智能化虚拟复原、多 GPU（图形处理器）的云端协同虚拟化互动等核心关键技术。截至目前，广州欧科已拥有 200 多项具有自主知识产权的成熟技术，50 余项发明专利获受理，获得地图服务引擎、空间数据构建、欧科房地产测算软件、欧科基础 GIS 服务软件等计算机软件著作权近 200 项，数字作品版权 19 项；获得商标近 40 项。

在城市建设方面，广州欧科开始利用大数据、物联网、云平台等技术做服务支撑，为自然资源局、民政部门、住建部门、房地产开发企业等客户提供测绘、软件开发等服务，全力助力智慧城市建设。

2017 年，广州欧科以第三次全国国土调查、自然资源确权登记等获得的现状类数据（包括遥感影像、基础地理、基础地质、地理国情普查等）为基础，整合发改、环保、住建、水利、农业等部门国土空间相关管理与规划类数据，扩充社会、经济、人类活动等社会经济数据，构建了一套涵盖基础地理、资源现状、规划成果、规划管理以及社会经济等全域、全类型、全要素的国土空间规划数据体系，夯实现状数据底板，支持国土空间规划，完善国土空间规划“一张图”建设。

针对客户的需求，广州欧科打造了统一基础的城市时空大数据中心和时空信息的云平台，搭建政府智慧服务中心，为社会大众提供数据共享服务。时空信息云平台是一套涵盖基础设施、云建设和云应用的智慧城市平台化解决方案。该平台以空间规划、基础地理信息、智能感知等数据为中心，依托城市云支撑环境，以多维直观的地图表达方式，为客户按需提供时空信息服务。该平台促进了城市运行管理智能化、科学化、动态化、精细化发展，为智慧城市建设和运行提供了强有力的支撑。

此外，为实现测绘业务生产的一体化管理，广州欧科在 CAD（计算机辅助设计）数据作业终端和 Oracle（甲骨文）空间数据库的基础上，搭建了联合测绘平台，以“统一标准、统一测量、统一数据”为原则，整体统筹测量工作，

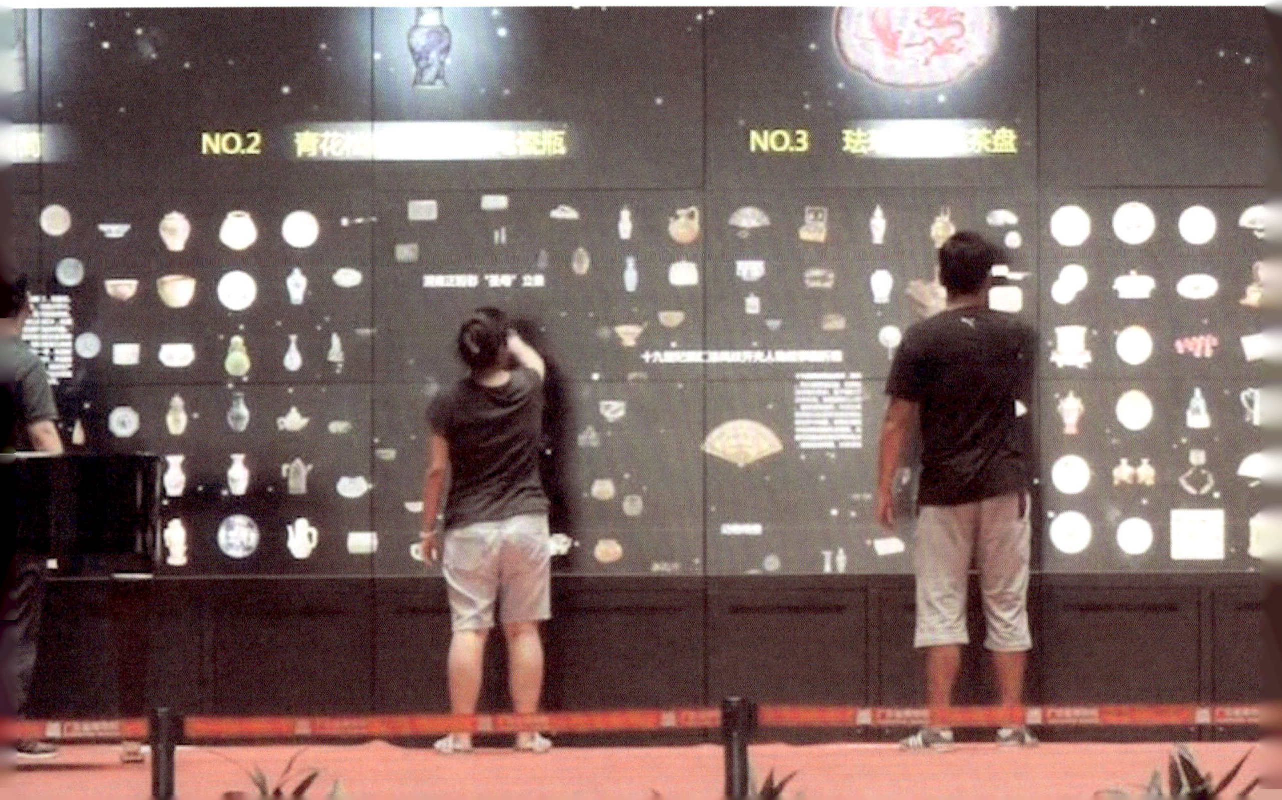

支持独立作业后合并各业务项目，一站式输出成果报告，减少重复测量，为各测量任务的内业工作提供支持，优化测绘流程，打造便民利民服务平台。

在房产方面，广州欧科以房产为空间对象进行标准化、数字化、网络化、一体化的管理，以空间信息为核心，利用地理信息系统、管理系统、空间决策支持、办公自动化、工作流、虚拟现实及宽带网络等先进技术，综合继承和利用各类房产信息资源，快速、准确、完整、便捷地提供房地产综合信息服务，提高房地产产业的决策能力和行政效率，全面推动房地产产业优化升级。其于 2005 年自主研发的《欧科房地产测算》软件，在房产面积测算工作中起到了不可估量的作用，已占据广东省主要房产测算市场。

在空间生态修复方面，广州欧科根据自然资源部土地管理、土地规划、空间生态修复等相关法律法规要求和国家生态文明建设相关要求，采用综合地理信息采集、现代遥感等手段，并通过资料收集、现场勘查、生态监测、专家咨询、群众访谈等方式，协助客户全面掌握规划区自然生态环境状况、自然资源和土地利用现状、土地权属情况，并结合生态问题进行识别分析，建立生态系

统修复与综合治理项目信息管理系统，以及制定相关生态修复总体规划及生态治理实施、监管等方案。

针对住建部门的需求，广州欧科为历史建筑量身定制保护图则，记载历史建筑的基本属性和价值特征，编制历史建筑核心保护范围、建设控制地带、价值要素等内容，为历史建筑的修缮与管理工作提供重要依据。

2016 年，广州欧科通过全国中小企业股转系统，正式挂牌，成为智慧文博华南第一股；2017 年，广州欧科通过 CMMI5 认证。

用科技促进传承，以传承带动保护

“没有一种商业模式是长存的，没有一种竞争力是永恒的，没有一种资产是永远稳固的，中华文明造就了伟大的中华民族。中华儿女有义务将伟大的中华文化永久保护、传播、传承下去。”这几年的经历让熊爱武更加坚定了自己选择的道路。

2014 年，广州欧科首次提出“智慧文博”方案，希望通过文物数字化采集，进一步提高文物的保护、管理、展示和利用工作，更好地展现文物和传播文化。同年，广州欧科与广东省博物馆合作打造智慧博物馆。

作为广东省智慧博物馆项目的承建单位，广州欧科立足自身业务现状和未来发展需要，在对广东省博物馆的各项业务及其相互之间的关联，以及对观众（人）、藏品（物）、业务（事）等各类数字资源与数据进行梳理与整合的基础上，对博物馆信息化系统进行了科学、完整的顶层设计与应用规划，并以大数据、云计算、移动互联网、空间信息等技术为手段，高度集成了所有的应用系统、数据资源及基础软硬件，构建了统一的综合应用与服务管理体系，极大提升了博物馆业务协同和工作管理效率，并为博物馆观众服务、展览策划、学术研究等提供了强大的数据决策服务。

广东省博物馆是首批国家一级博物馆之一，首批智慧博物馆试点单位，其智慧博物馆建设已完成一、二期规划，并取得了巨大的成果，真正实现了博物馆综合管理线上线下融合，促进博物馆业务的良性发展，被评为 2016 年全国最具创新力博物馆。2017 年，广州欧科开发的包括藏品管理、数字资源管理、业务项目管理、大数据分析平台等 20 多个系统项目成功通过验收投入运行，从智慧服务、智慧保护、智慧管理三个方面，实现对人（公众）、物（藏品）、事（业务）等资源的智能配置和信息聚合。项目获得 2017 年中国博物馆协会“互联网 + 博物馆案例”推介。同样由广州欧科承建的《广东省博物馆智能导览服务平台移动导览系统》荣获首届数字遗产最佳实践案例大赛技术创新奖，《博物馆业务项目管理系统》荣获第四届全国十佳文博技术产品及服务奖。

鄂尔多斯高原是欧亚大草原东部古代青铜文明的起源地。丰富的历史文化遗产蕴含着游牧民族生生不息的伟大智慧，彰显中华游牧文明曾经的辉煌。鄂尔多斯青铜器博物馆作为目前世界上唯一集教育、展示、征集、保护、研究“鄂尔多斯青铜”为一体的专题性博物馆，承担区域文化传承的使命。广州欧科作为“智慧博物馆 + 社区”项目承建单位，借助数字化技术对文化遗产进行保护，同时深挖其背后的故事和文化内涵，以文字、图形、影像等形式展示草原文明发展历史；通过互联网、大数据、VR/AR、多媒体等先进技术，打造青少年教育互动体验平台，以鄂尔多斯青铜器博物馆为总体验中心，以学校、社区、商超等为分体验中心，建立“总—分”联动区域覆盖模式，让鄂尔多斯青铜文明及草原文明渗透到鄂尔多斯的各个角落。

此外，针对考古所的需求，广州欧科将考古所内分散于各业务主线的数据进行集成，打破信息孤岛，消除部门壁垒，实现考古工作上管理的信息化、流程的标准化、项目的定制化、考古的精细化、文保的公众化。10 余年来，广州欧科为广州市文物考古研究院提供了多项数字化和信息化服务，如利用数字技术对清代古船、南海神庙、广州传统壁画等不可移动文物进行三维数字化采集与建模，助力进一步加强对文物的保护、管理和研究工作。同时，以不可移动文物为核心，基于现代信息技术，搭建了不可移动文物综合管理平台，对文物保护工程项目从立项、设计、施工、验收全生命周期进行科学化管理，提高了文物保护信息管理的准确性、及时性、科学性，提升文物保护工作的科技含量和管理水平，让文物所蕴含的历史信息资源得到更好保护与共享，促进文物资源活化展示应用。

2019 年，广州欧科在国内首次提出历史文化资源的“全要素、多层级、结构化、动态保护”，提出将文化遗产保护纳入城市规划的体系。历史文化资源数字化，即整体把握城市历史文化资源“点、线、面”空间格局，从数字化保护、数字化管理以及展示服务等方面入手，解决历史文化资源保护利用的实际业务需求，实现历史文化数字资源的公众共享，提升城市的文化核心竞争力。实现历史文化资源的“管理一棵树、展示一张图、统计一张表”，提高城市更新设计水平，延续城市历史文脉，有力地保证了文化遗产的保护与传承。

在文化创意方面，广州欧科以 IP（知识产权）创制为核心，充分发挥“研究洞察、技术研发、内容创造、艺术传达、布展实施”的全链条一体化服务优势，借助创新的数字展示、智慧互动及内容创意能力，为文化创意行业提供独一无二的标准产品与解决方案。

经过长达 10 多年的精心耕耘，广州欧科已形成了一套涵盖数据、软件、创意、集成的服务体系，拥有累计超过 500 个项目案例，客户遍布全国。近年来，黄埔区以文化为元素、以创意为核心、以科技为驱动，利用区内高新技术产业发达的产业优势，积极推进文化与科技融合，优化产业布局和结构，引导文化创意产业集聚发展。

回望过去，熊爱武十分感慨：“这是广州欧科与黄埔一起成长的十几年。如今的黄埔区已经是广州国际科技创新枢纽核心区；古代海上丝绸之路发祥地的历史和众多非物质文化遗产的聚集，又使这里有着浓厚文化沉淀。相信不久的将来，这里将产生更多优质的文化科技项目。广州欧科也将步履不停，做文化遗产的现代传播使者。”

文 / 周莹

获得的荣誉

- 国家文化和科技融合示范基地（2021）
- 国家文化大数据产业联盟成员单位（2020）
- AAA级重合同守信用企业（2020）
- AAA级服务诚信单位（2020）
- AAA级质量单位（2020）
- 检验检测机构计量认证证书（2020）
- 连续十三年广东省守合同重信用企业（2007—2019）（2020）
- 连续九年广东省诚信示范企业（2011—2019）（2020）
- 广东省测绘学会测绘地理信息工程奖二等奖（南海区不动产权籍调查与1∶500地形图测量服务项目）（2020）
- 质量管理体系认证（2020）
- 职业健康安全管理体系认证（2020）
- 环境管理体系认证（2020）
- 企业信用AAA级认证（2020）
- 知识产权管理体系认证（2020）
- 信息安全管理体系认证（2020）
- 信息技术服务管理体系认证（2020）
- AAAAA级履约能力达标资质（2020）
- 2020全国十佳文博技术产品优秀奖（智慧博物馆综合管理平台）（2020）
- 2019年度广东省优秀城市规划设计二等奖（东莞市历史建筑数字化保护）（2020）
- 2019年度广东省优秀城市规划设计三等奖（珠海市历史文化保护一张图）（2020）
- 售后服务管理体系认证（2020）
- 2019中国地理信息产业优秀工程银奖（南海区不动产权籍调查与1∶500地形图测量服务项目）（2019）
- 2019中国地理信息产业最具活力中小企业（2019）

张宾

『黄埔有故事』讲述人

广州奥松电子股份有限公司董事长

- 广州市黄埔区、广州开发区杰出人才（2021）
- 广州市黄埔区、广州开发区创业领军人才（2019）
- 广州市黄埔区、广州开发区优秀人才（2019）
- 广州市黄埔区、广州开发区“创业英才”称号获得者（2018）

- 大多数人对半导体的理解是曾经家家都有的收音机。连小孩子都能成功拆装的收音机让人们误以为半导体是微不足道的东西。其实半导体对一个国家的工业发展具有决定性的作用。
- 大家都知道的是，科技是第一生产力。鲜有人知的是，半导体工业被誉为科技发展的基石。
- 广州奥松电子股份有限公司（以下简称“奥松电子”）拥有国内先进的 MEMS（微机电系统）特色半导体芯片生产线，生产的传感器各项性能参数处于国际领先水平，填补了国内新一代 MEMS 智能传感器技术空白，打破了多项传感器技术一直被国外垄断的被动局面，是全球少数具有 MEMS 半导体智能传感器全产业链（IDM）的公司之一。

奥松电子

立志做世界传感器领域的领航者

中国半导体产业正面临前狼后虎的挑战

中国是世界上最大的半导体进口国。海关数据显示，中国 2020 年购买了价值超过 3000 亿美元的外国制造芯片。美国半导体行业协会（SIA）的数据表明，中国公司的半导体供应量仅占全球市场份额的 5%。

目前全球能够实现量产 5 nm 工艺芯片的企业，一家是我国的台积电，另外一家就是韩国三星。有数据显示，韩国半导体业正在加速崛起，三星已获专利数量已占上风。我们刚刚兴起的中国芯及半导体产业正面临前狼后虎的挑战，苦苦寻求破局之道。

从历史角度来看，半导体设备公司的兴起与成长紧随全球芯片制造中心的迁移。20 世纪 70 至 80 年代半导体产业中心在美国，20 世纪 80 至 90 年代半导体产业中心在日本，20 世纪 90 年代之后半导体产业中心在韩国和中国台湾地区，各个阶段都在当地市场上形成了半导体设备巨头。

国际半导体产业协会（SEMI）2021 年 4 月 14 日发布数据称，2020 年全球半导体制造设备销售额比上年增长 19%，约为 712 亿美元，创历史新高。推进半导体国产化的中国大陆首次成为全球最大市场。

未来 10 年，中国将成为全球半导体芯片制造的中心。

业内普遍认为，芯片开发没有捷径，积累工程师经验和技术诀窍是成功

的关键。

在这波兴起的中国芯片制造潮流中，只有拥有革命性、颠覆性技术的公司才有可能成为全球半导体设备市场上升起的中国明星。

狂热的"技术控"成立国内第一家温湿度传感器制造公司

奥松电子创立于2003年，坐落于广州黄埔区的科学城，是一家集芯片设计、制造、封装测试及应用于一体的传感器国家高新技术企业，是国内领先的传感器全产业链IDM企业，也是国内最早的温湿度传感器制造商。公司的各类传感器产品已应用于大亚湾核电站、广州白云国际机场、黄埔大桥、广州地铁等知名工程。

公司董事长张宾是技术爱好者，从小就对各种机械、电子产品有着浓厚的兴趣。

报考专业时，张宾选择了电子技术。上学期间，他最大的爱好就是研究电子技术，收集一切与电子技术有关的资料，不断地学习、实践与研发。兴趣是最好的老师，张宾对专业知识的日积月累、刻苦钻研，为他日后的事业打下了扎实的基础。

毕业后，张宾来到广州，进入某知名上市公司任研发工程师，参与各种传感器、控制器等产品的设计研发，扎实的理论知识让他的研发创新能力快速得到提升。同时，他发现国内传感器技术与世界相比存在很大差距，各类传感器芯片几乎完全从国外进口，价格昂贵，国内缺乏对新原理、新器件和新材料传感器的研发和产业化能力。这一现象严重阻碍了传感器产业的发展。张宾决定改变这一落后局面。

经过两年研发工作的探索与研究，张宾所掌握的技术已经成熟。在朋友的支持下，张宾开始了湿度传感器的研发。仅仅几个月，张宾就研制出了新产品，随后就成立广州奥松电子有限公司（现广州奥松电子股份有限公司），进行产品生产销售。

那时电子商务刚刚兴起，张宾选择用网络推广的方式敲开市场的大门。当时，奥松电子是国内第一家做湿度传感器的公司，产品质优价廉、性能优异，迅速占领了国内市场，打破了国外湿度传感器在国内的垄断地位，实现了国产替代，赢得客户的信赖和口碑。

直到现在，奥松电子仍然是全国最大的湿度传感器供应商。

用匠心打造经典产品

张宾不仅是奥松电子的董事长，还是公司技术研发中心的技术专家，与项目负责人一起推进各研发项目。2009 年，张宾带领的研发团队研制出全新的湿度敏感材料，并成功开发出陶瓷片式湿敏电容芯片。

在这个以陶瓷片式湿敏电容芯片为核心的系列温湿度传感器产品中，型号为 DHT11 的产品，蓝色的外观引人注目，主打中端市场，一经推出便风靡业界。

到目前为止，这款产品的身影已经遍布全球，在项目工程、学校教学、电子发烧友圈等被广泛使用，成为奥松电子经久不衰的经典产品之一。

张宾坚持认为做实业就要扎实去做，心态不能浮躁，必须一步一个脚印做产品开发和技术创新，唯有这样才能够把企业做大做强。因此他很少接受电视台、报刊及网站等媒体的专访，一心扑在技术研发上。

现如今，奥松电子拥有一支经验丰富的技术研发团队，组建了 MEMS 半导体研发中心和技术研发中心，研发实验室面积超过 10000 平方米，配置有投影式光刻机、离子注入机、深硅刻蚀机、光学镀膜机、LPCVD（低压化学气相沉积）设备、PECVD（等离子体增强化学气相沉积）设备、扫描电子显微镜、高精密湿度标准仪等先进设备。

在这种稳扎稳打作风的引领下，张宾带领研发团队先后投入“半导体气体传感器”“流量传感器”“水蒸气传感器”“X 射线探测器”等课题项目的研发。近 3 年累计开发项目超过 50 项，形成科技成果 40 余项，并成功进行成果转化，同时已申请各项专利超过 120 件。

作为“技术控”的张宾，把兴趣发展成为事业，把爱好变成一种“工匠精神”，在传感器领域耕耘与钻研近 20 年，不仅见证了我国传感器技术的变迁，同时也极大推进了我国 MEMS 智能传感器产业的发展，成功量产了多款拥有完全知识产权的 MEMS 智能传感器，在多个领域打破了国外企业的垄断，填补了国产传感器产品的空白。

建设一条自主可控的半导体生产线

成功的要素之一在于“永不满足”。2008 年，张宾认为公司目前的产品过于单一，容易被复制和取代，便开始寻求突破，思考如何让公司立于不败之地。随着传感器行业的快速发展，当时国际上 MEMS 技术开始应用在传感器芯片领域。张宾看到未来传感器产业将向 MEMS 半导体传感器方向发展，于是他决定建设一条自主可控的 MEMS 特色半导体芯片生产线。

张宾审时度势，再次果断决策，统筹建设 MEMS 半导体生产线，抢占市场先机，占据国内首发优势。

在生产线筹建期间，张宾带领技术团队学习国外先进的 MEMS 工艺与产线技术，并先后吸纳国内外优秀院校研发人才，含博士、高级工程师、硕士等数十人，不断壮大研发团队。

MEMS 半导体生产线的建设并非一帆风顺，而是困难重重，但张宾从未放弃，一直坚守着这条道路。为了这条半导体产线，张宾亲自在 MEMS 半导体产线上工作超过一万个小时。从设计工艺，到调试设备，再到改装机器，张宾将“注重细节，精益求精”的工匠精神发挥到极致，经常超负荷从早上 8 点工作到晚上 12 点。

然而这项工程既耗时间又耗资金，再加上缺乏相关经验，这条产线建设花了整整 6 年。

经过 6 年的不断努力，奥松电子终于攻克了 MEMS 器件中膜、腔、孔、悬臂、悬膜等结构的加工难题，在 2016 年建立了完备的 MEMS 半导体芯片生产

线。这条 MEMS 半导体芯片生产线是奥松电子完全根据自身的需求进行设计与制造的。

这项改革创新之举，帮助公司节约了大量成本，也加快了新品的研发和投产。此时奥松电子已先于国内同类企业跨入 MEMS 特色半导体芯片制造的行业赛道，进行产品布局，再次构建了核心技术竞争优势。

奥松电子突破性地完成了多种 MEMS 半导体传感器的设计、研发、量产工作，获得了多项发明专利，填补了国内新一代智能传感器技术空白，打破了多项传感器技术一直被国外垄断的被动局面。

对于奥松电子未来的发展，张宾雄心勃勃地表示："结果已经注定，一切只是时间问题。奥松电子在国内市场占据领头羊的地位，国内市场基本没有能与奥松电子抗衡的竞争对手。我们有理由相信奥松电子取得更大的成绩只是时间问题。"

曾把全部收益投入研发

创新并不只是单纯的发明创造，创新的背后离不开阳光雨露的滋润。人才供给、贷款融资、知识产权……每一个要素都至关重要。

资金是创新路上的一大拦路虎。

高科技生产线的建设和维护需要巨额投入，而且需要持续的资金投入。建设一个平台需要一两亿元，单 EDA（电子设计自动化）软件就要花费数千万元。买不起设备、持续的研发投入是很多初创企业面临的难题。

张宾算了一笔账，奥松电子为了提升研发能力建设半导体生产线，从 2008 年开始连续 8 年将所有收益投入研发，资金高达上亿元。

"我们的实验室要求一年全天无休开着空调、空气净化器等设备，维护费用也是一大笔投入。" 张宾表示，未来，产品需求量不断增加，以及更高精度的新产品提出更高需求，目前设备已不能满足。而半导体核心设备多达数十种，每台设备价格高达几十万至几百万美元，新扩建半导体产线耗资动辄数亿元，因此项目前期设备资金投入压力巨大。

如今发展趋于稳定，但奥松电子仍每年拿出销售收入20%以上的资金作为研发经费，远高于同行标准。

期待政府推出产业联动扶持政策

创新不是一个环节的动作，需要多方的配合，精准的政策扶持、完善的金融环境、知识产权保护等同样重要。

《粤港澳大湾区发展规划纲要》提出要打造具有全球影响力的国际科技创新中心。对标世界其他三大湾区，粤港澳大湾区如何联合创新破解“卡脖子”技术难题呢？

对粤港澳大湾区而言，有一个重要的命题是运用好港澳的科技创新资源。

这需要将眼光看向创新产业链。受困于产业链的制约，要实现单个企业的创新突围几乎是不可能的。

创新链上的每一环节都至关重要。如日本企业创新形成了强有力的“同盟”，即龙头骨干企业带领上下游配套企业共同创新，甚至派出工程师直接去配套厂指导创新，使得配套厂的工艺、设备、精密程度全部达到行业最高标准。培育链条对于产业发展来说至关重要，要求有高质量的供应链、制造链、产业链、价值链，创新的主体涉及龙头企业以及链条上的中小企业。

半导体产业这样应重点发展的产业，需要有针对性的政策扶持。有专家建议粤港澳大湾区推出产业联动扶持政策。

这就需要政府大量整合行业资源，设立重点实验室、行业技术创新中心、企业工程技术中心等机构，打造行业公共服务平台，通过平台，共享关键、核心的研发设备或产线，提供全面、权威的市场资讯，搭建行业上下游资源对接桥梁。

政策还需引导建立工艺—设备生态圈联合体协同创新，由国内终端、设计、制造、封测、材料、设备等完整的集成电路产业链上下游企业组成，利用各产业链龙头企业的资源和技术优势，共同研发先进技术。

类似的呼声在不同领域的诸多初创企业中都有听到。

在半导体产业发达的城市，政府主导设立上规模的服务平台，服务周边企业。对于一些坚持科研投入多年稳步成长的企业来说，与政府共建公共研发平台可以降低运营费用，同时还能服务上下游企业。

“奥松电子先后与国内外多家科研机构、院所等建立了长期的技术合作关系，并自主组建了核心研究开发团队，培养了数十名 MEMS 智能传感器行业尖端人才。”即便这样，张宾还有着他的担忧，“企业的基础研究还有不少空白，缺乏能做基础研究同时又懂企业市场需求的人才。像基础物理、基础化学这样的学科人才，我们现在都有数十人的缺口。”

对此，张宾认为，可以利用企业现有的研发平台，与政府一起建设，服务更多能力尚弱的中小企业。

助力黄埔构建全链条集成电路产业生态圈

集成电路是引领新一轮科技革命和产业变革的关键力量，是科技自立自强的主攻方向。在广东省政府发布的《广东省人民政府关于培育发展战略性支柱产业集群和战略性新兴产业集群的意见》里，半导体和集成电路就是首个明确发展的战略性新兴产业集群。

广州市黄埔区、广州开发区的集成电路产业基础雄厚，在知识城规划布局了面积达 6.6 平方千米的集成电路产业园，园区整体布局“研发设计—中试生产—封装测试”全产业链，构建集成电路产业生态网络，打造千亿级集成电路产业集群。

2020 年启动建设的集成电路产业园制造材料片区，主要布局集成电路上游产业，围绕晶圆制造材料与设备、集成电路封测材料与设备领域，以制造材料为主体功能，布置集材料展示、生产配套、企业办公等功能于一体的材料制造驱动型、生态型科技片区。

按照发展计划，至2025年，知识城集成电路产业园将建设成为国内领先的集成电路产业园，产值规模近千亿元，产业链条完整，基本实现自主可控。至2035年，基本建设成为具有全球影响力的综合性集成电路产业园，实现高、中端产品稳定供给，集聚和配置全球智慧和创新资源，对外开放合作层次持续提升，全面参与全球产业分工合作，深度融入全球价值链和供应链。

随着政府大力推动集成电路产业发展，广州市黄埔区、广州开发区率先出台新一代信息技术、智能传感器等集成电路产业政策，近3年累计投入近200亿元，联合中科院微电子所、西安电子科技大学等机构建设产学研平台，汇聚集成电路专业人才超1000名。截至2020年11月底，黄埔区有集成电路企业68家，占广州市集成电路企业数量八成以上，在制造、设计、封装测试、材料等领域均有代表性企业，形成集成电路产业闭环，产业发展初具规模。

达则兼济天下，奥松电子作为粤港澳大湾区先进的MEMS IDM企业和国内率先应用 MEMS 半导体工艺技术生产传感器芯片的高新技术企业，一直以来高度重视科技人才的培养和发展，注重产学研的结合，多年来通过捐赠科技设备以及与科研机构互动等支持行动，为科研工作增添新的资源，拉近研究机构与前沿科技的距离，促进科研成果转化，并带动区内其他相关企业协同发展，为黄埔集成电路产业发展献计献策，助力黄埔构建全链条集成电路产业生态圈 。

粤港澳大湾区首条 6 英寸 MEMS 传感器芯片生产线项目正式运营

2020 年 6 月 1 日，奥松电子的 6 英寸 MEMS 半导体芯片生产线项目正式投入运营，成功量产出湿度、流量、气体、差压、风速等传感器芯片，并为部分珠江三角洲客户提供 MEMS 芯片代工服务。一期项目的建成投产标志奥松电子成为中国华南地区领先的 MEMS 半导体传感器芯片生产基地，为推动国内，特别是粤港澳大湾区的 MEMS 半导体传感器高质量发展奠定了良好的基础。

奥松电子斥巨资打造的 MEMS 半导体芯片生产线项目是一座先进的生产基地，其设计复杂，施工难度高，工艺管线纵横交错，施工管理要求高。一期项目净化车间总面积约 2000 平方米，百级净化车间面积约 500 平方米；内设有湿

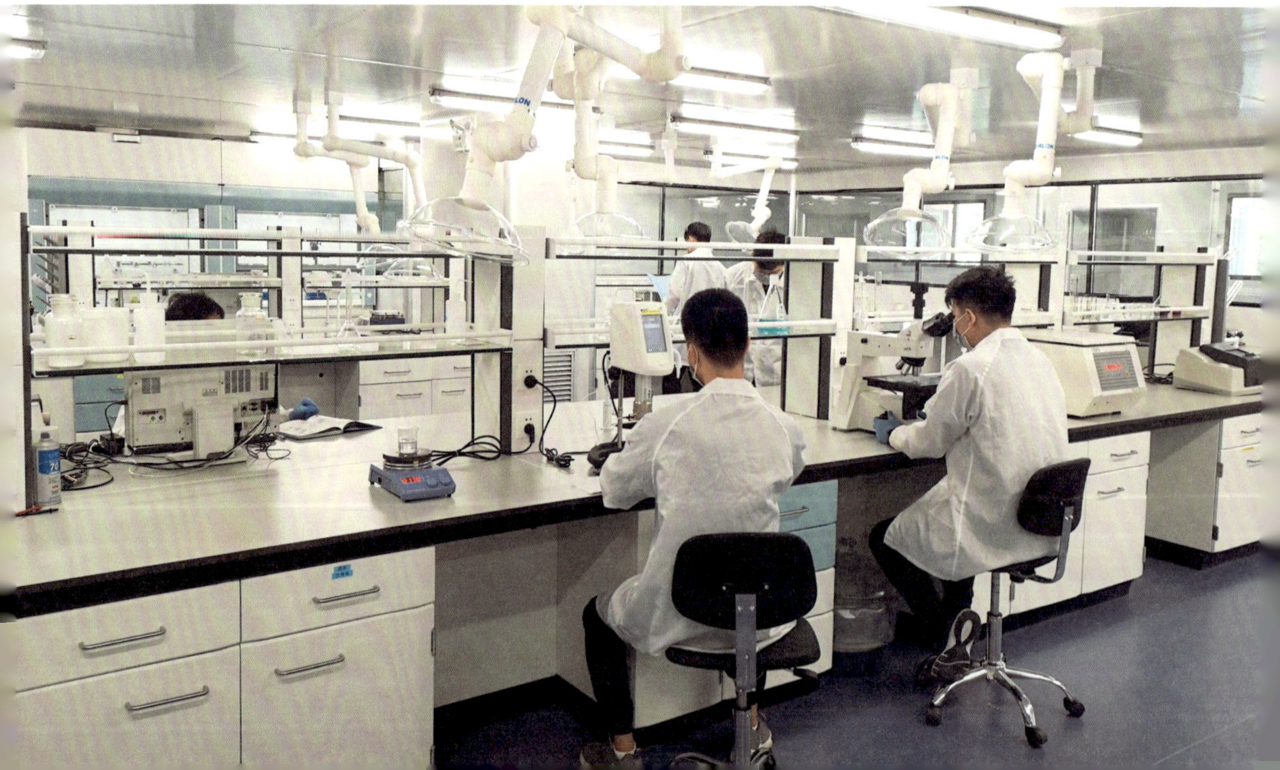

法清洗区、百级洁净度光刻区、千级洁净度镀膜区、千级洁净度刻蚀区、千级洁净度离子注入区、更衣区及参观通道等。整个洁净车间安装了多套高性能风淋系统，对进入洁净间的员工或者货物进行彻底风淋除尘。

奥松电子 MEMS 半导体芯片生产线一期工程项目为纳米级先进 MEMS 工艺制程，于 2019 年 3 月立项，同年 6 月正式进入施工阶段。生产设备资金投入约占整个投资规模的 70%。

根据规划，2021 年二期工程项目将扩展纳米制程工艺 MEMS 半导体芯片生产线；2022 年三期工程项目将建成 180 纳米制程工艺 8 英寸 CMOS（互补金属氧化物半导体）+MEMS 半导体芯片生产线；总项目全部建成投产后，每月流片规模将达到 4 万片，将满足奥松电子自身需求及粤港澳大湾区各类 MEMS 半导体芯片的代工需求。

珠三角作为中国最重要的制造基地之一，在制造业发展方面一直走在时代的前列。《粤港澳大湾区发展规划纲要》政策落实后，广州作为广东省省会城市和经济中心、一带一路新亚欧大陆桥经济走廊主要节点城市和海上合作战略支点，优势地位不断得到提升。奥松电子立足广州，将在 MEMS 半导体传感器领域打破国外企业垄断，实现高端传感器产品的国产替代进口，勇担历史使命，为建设粤港澳大湾区贡献自己的一分力量。

奥松电子的目标是世界传感器领域的领航者

个企业不断发展壮大的过程，也是企业领导人自我身心修养不断升华的过程。张宾高度重视企业研发能力与管理能力的协同发展，在百忙之中仍不忘提升自己，同时倡导企业内部中高管理层也要持续学习与自我提升，旨在打造学习型的创新组织，为企业的可持续性发展打下坚实的基础。

如今，凭借卓越的品质、优质的服务，奥松电子产品已经遍及海内外，广泛用于智能家电、新能源汽车、医疗、工业自动化、交通、通信、化工、气象、医疗、农业、智能制造等领域。奥松电子也成为国内外一线家电品牌的一级供应商。把奥松电子打造成为世界传感器领域的领航者和全球最受信赖与尊敬的高科技企业是张宾孜孜追求的目标。

随着智能物联网时代的到来，中国的传统制造业也正在借助新技术实现转型升级。MEMS 半导体智能传感器芯片将起到核心作用，成为推进传统工业转型升级的关键，这对粤港澳大湾区，乃至我国的经济发展、产业结构优化具有重大的战略意义。

传感器芯片产业在我国处于战略性地位，未来将持续受益于巨大的刚性需求。智能家居、消费电子、物联网等新兴产业也将成为我国传感器芯片产业发展的强大驱动力。虽然我国传感器芯片产业面临着国际上复杂多变的竞争环境，但依托巨大强劲的需求、不断增长的市场、政府与社会的支持，产业发展拥有良好的前景。

中国半导体产业要想健康发展自然离不开资本的驱动，但也更应该培育需求、人才、市场，最终形成良好的产业生态。回顾科技发展历史，当潮水退去、铅华洗尽，那些真正具备实力并胸怀广大的企业才能真正凸显出来，中国半导体产业必将走入正轨，加速崛起。

文 / 朱卫卫

获得的荣誉

- 广东省专精特新中小企业（2020）
- 广东省专利优秀奖（一种电阻型高分子湿敏材料及其制备方法）（2020）
- 广东知识产权保护协会第三届理事单位（2015—2020）
- 广东省高新技术企业（2019）
- 广州市半导体协会第一届理事会理事单位（2019）
- 广东省MEMS传感器（奥松）工程技术研究中心（2018）
- 广州市企业研究开发机构（2016）

陈春明

『黄埔有故事』讲述人

广州芯德通信科技股份有限公司董事长

- 广州市科学技术进步奖三等奖（MG6000 媒体网关项目）获得者（2006）
- 2004—2007 年度广州市天河区专业技术拔尖人才　（2004）
- 广州市科学技术进步奖三等奖（GT03 基群倍增设备项目）获得者（2001）
- 广州市科学技术进步奖二等奖（GK 型数字话务排队机项目）获得者（2000）

- 从2007年团队创立，到2017年在新三板[①]挂牌，芯德科技用十年实现从起跑到领跑，深耕细作打造品牌实力。
- 作为一家民营企业，芯德科技秉承“创新驱动发展，品质铸就品牌”的经营方针，一直专注于光纤通信接入产品和IP语音网关产品的研发、生产和销售。
- 2013年转型开拓海外市场，近几年营业额以40%以上的速度高速增长，2020年实现企业合同销售额近8亿，年业绩增幅达86%。产品远至82个国家及地区，外贸足迹遍布五大洲。

芯德科技

领跑光纤通信接入定制领域

从小村庄一路走来的追梦人

在中国，在海外，提到闽南人，提到“爱拼才会赢”的闽南精神，人们首先想到的就是泉州人。泉州人的骨子里，天生就流着商人的血。

1971年，福建泉州的一个小村庄里，陈春明在一声啼哭中出生了。因为家里贫穷，小时候的陈春明总是光着脚，直到8岁那年他才穿上人生中的第一双袜子。小时候每天吃完饭后，陈春明和弟弟都会在村里玩耍，弟弟总是问他，为什么他们走路肚子里会有“咕噜咕噜”的声音？后来他们才明白，原来是饭

① 全国中小企业股份转让系统，简称“全国股转系统”，俗称“新三板”。

太稀，肚子里面都是水。

陈春明上初中的时候，同村有个人因考上中专获得一支笛子作为奖励，这让陈春明羡慕不已。

陈春明的心思被他妈妈看在眼里，于是她对陈春明说："好好读书，考上了大学我也给你买一支笛子。"得到妈妈的承诺之后，陈春明开始发奋读书，就连吃饭、生火都捧着一本书。这样日复一日的刻苦，冥冥中将陈春明的未来引向了一条全新的轨迹。

功夫不负有心人，最终陈春明考上华中科技大学，实现了自己的大学梦。在大学，陈春明读的是计算机专业，他十分热爱这门专业，并且坚信自己能够在信息行业有一番大作为。毕业后，他进入中国普天集团下属企业广州邮

电通信设备有限公司工作，任职硬件工程师，从事产品研发。5 年后陈春明加入广州一家通信公司，经过近 10 年的精进突破、锐意进取，成为公司的总工程师。

2007 年是我国内地大规模蜂窝式移动通信系统正式商用 20 周年，移动通信产业从无到有，从小到大，国内网络规模、技术层次都发生了较大飞跃，国内通信行业蓬勃发展。这一年，陈春明向公司请辞，成立广州市芯德电子技术有限公司（广州芯德通信科技股份有限公司前身，以下统称“芯德科技”）。第二年，芯德科技很快通过了 ISO9001 的质量管理体系认证，并搬迁到科学城，由此踏上了黄埔区这块聚集高新技术产业、战略性新兴通信企业的高地。在不断坚持和尝试中，陈春明终于找到了自己的方向，他定下了一个企业战略：为世

界全面接入网络而努力奋斗，希望和100个国家建立合作关系。

或许，一个创业者的“执拗”并不是来自他的个性，而是来自他对通信的判断，对未来的理解，对真理的信念。

两千多年前的答案

企业的发展与创始人的秉性和选择息息相关，也与时代的发展轨迹相暗合。

两千多年前，司马迁在《史记·货殖列传》里说：“富无经业，则货无常主，能者辐凑，不肖者瓦解。”该句的意思是能够发家致富的，不是只有一两种门路，三百六十行，行行出豪杰；财富，也没有永远固定不变的主人。善经营者，即使白手起家，也能够积累万贯家财；不善经营者，即使坐拥一座金山，金山也可能顷刻之间土崩瓦解。司马迁列举了一些例子来说明“富无经业”的道理：种庄稼，是当时最没有技术含量的职业了，但是秦扬靠此成为一州的首富。贩卖动物油脂，是一般人觉着耻辱的事，但是雍伯靠此赢利千金。贩卖浆水，是一种微不足道的小生意，但是张氏靠此积累了千万家财。磨刀，是一种极其平常的小技术，但是郅氏靠此过上了列鼎而食的生活。卖熟羊肚，既简单又不起眼，但浊氏靠此每次出门都有“前呼后拥”的车队。给马治病，不需要高深的医术，但是张里靠此而有钟鸣鼎食的排场。

这些人能够成功，靠的是什么呢？在陈春明看来，靠的就是“诚一”。所谓的“诚”，就是精诚，全神贯注，真实守信；所谓的“一”，就是专注，专心致志，坚持不懈。因为“精诚”，才能留意到别人留意不到的细节，赢得口碑和信任；因为“专注”，才能竭尽全力，做到极致，达到一般人难以企及的技术高度和经营规模。

创业 14 年，陈春明始终坚持着“诚一”的初心和原则。

在人人都渴望发声，都期冀登顶头条出位的年代，坚持以用户为核心的终极信仰、坚守对“精诚”与“专注”敬畏与热情的陈春明，凭着这股执拗劲儿，疏远了浮躁，疏远了急功近利，使得公司接连推出了 LAN L2/L3 交换机、MDU/ICT 网关和为响应主流光纤接入网技术的标准研发制造的 EPON ONU 系列产品。“任尔东西南北风，我自岿然不动”的境界，恐怕当代商业环境下，能坚持做到如此的“掌门人”并不多。

芯德科技成立伊始就遇到了贵人——一位来自阿姆斯特丹的投资商。在朋友的引荐下，这位投资商了解了陈春明的创业项目。之后，在双方还未见面的情况下，投资商就决定对芯德科技进行投资，这让陈春明十分惊喜。

这是狭窄通道里透来的一丝光，最终成为撬动事件发展的驱动力。

在和投资商见面后，陈春明问出了心中的疑惑：为什么选择他们公司？对方只给了一个回答：“诚信。”在这位投资商的眼中，陈春明是一个值得信赖的人，因此，无论见不见面投资商都愿意投钱给他。芯德科技也不负所望，持续秉承创新驱动发展的科创精神，成立仅 4 年就顺利通过了高新技术企业的认定，并一路乘风破浪、一往无前。

以陈春明为代表的芯德人所付出的几年艰辛，并没有白费。那些曾经用语言说不清的困顿和希望、发生在这里的辛苦和喜悦，每一个细节他们都记得。“奋斗”二字不仅镌刻在每一个芯德人的基因中，也渗透到每一个黄埔梦想者的血脉里。

理想主义者的道路

在国家民族复兴的潮流下，在粤港澳大湾区良好的创新氛围中，依托广州市黄埔区、广州开发区工业产业基础和良好营商环境，芯德科技的科技创新和产业化能力得到快速成长。如今的芯德科技，拥有具丰富产品研发经验的近百人科研团队、3000 多平方米的研发办公场地、18000 多平方米的生产制造用地，并形成了年产 800 万台通信终端的制造能力。并且，其主要产品已通过多个国家及地区的认证，拥有国内 3C、美国联邦通信委员会的 FCC 认证、欧盟的 CE 认证、巴西国家通信管理局的 ANATEL 认证等。公司生产线引入自动化产测系统和 MES 制造执行系统，提升了生产制造的数字化和制程的可控性和可追溯性，使生产部门的产能和效率得到极大的提升，品质更有保障，在国内外同等规模企业中处于领先地位。芯德科技的产品不仅精准针对客户需求，实现各种功能，价格在同类型产品中也是性价比之王，让互联网走进千家万户，普惠大众。公司重视产品知识产权保护，通过了国家知识产权管理标准认证，拥有有效专利 26 件，并获得俄罗斯、保加利亚及阿根廷等国的商标权，累计享有自主知识产权超 70 项。

当下无疑是一个浮躁的时代，商业竞争激烈异常，资本市场起起落落，许多人往往容易关注企业短期的数据变化，但帮助实体经济实现转型升级，却是一件需要耐心的事。成立 10 多年来，芯德科技积淀了较为成熟的底蕴，但面临新的形势、新的任务和新的挑战，要想在激烈的市场竞争中取胜，就必须继续秉持精益求精的精神，不断整合资源，推动企业的创新改革。作为广州黄埔区引进广州科学城创意园区的重点企业，芯德科技得到了政府部门的大力支持。

秉承着“为世界全面接入网络而努力奋斗”的使命，芯德科技于2013年开始走出国门，征战海外市场，各国通信产品的展会上，开始频频出现芯德科技的身影。2017年，公司不仅营业额突破了1亿，还顺利完成了股份制改造，成功在新三板挂牌。十年磨一剑，芯德科技从2007年的那间小工作室出发，在一路的勤奋耕耘与积淀中，登上了更高的舞台。股改后，公司的营业额每年平均增长33%，到了2019年，公司的营业额已接近3亿。2020年，在新冠肺炎疫情暴发带来全球经济萎靡的背景下，芯德科技仍实现合同销售额近8亿，年业绩增幅达86%，为国家创造超6000万美金的外汇收入。

为了促进企业的可持续性发展，国内外运营商都在不断研究和探索新型的网络接入技术。芯德科技也努力抓住每一次机会，紧跟行业发展与市场需求，提供定制化FTTX光接入系统解决方案，形成了以XPON OLT（局端）、XPON ONU、ICT/VoIP网关、Lan Switch/LTE Router等为主的综合性光纤接入产品和IP语音网关产品的大型产品库，印度客户还因此将芯德科技称为“ISP光猫王”。

芯德科技曾为印度用户等第三世界国家用户开发了一款“V2808PD-ZG GPON宽带接入设备”，以适应当地用户特殊的生产生活环境。这款设备具有反向PoE设计，可兼容华为、中兴、烽火通信、茶山、阿尔卡特OLT材质，满足电信运营商的FTTH要求、SOHO应用的互联网接入，以及广播和有线电视公司GPON + EOC基础设施的改造要求。该产品适用于走廊内无交流电源的环境，安装维护方便；设备硬件工业级设计，耐高低温，功耗低；无风扇静音设计，稳定性高；防尘防水结构设计，可安装在室外墙壁或柱子上，与海外“一带一路”沿途国家（地区）用户的室外使用需求完美契合。

陈春明认为，优秀的企业文化不仅对员工具有很强大的引力，而且对合作伙伴以及社会大众有强大的引力。只有通过持续不断的迭代和升级帮助用户和社会解决问题，助力经济的长期增长，整个中国经济的航船才能行稳致远。

2020年12月底芯德科技完成了上市辅导备案，2021年1月，深圳市创新投资集团有限公司、广州开发区投资集团有限公司对芯德科技进行了股权投资，芯德科技在2021年8月完成上市辅导及上市申请资料提交，预计2022年上半年实现创业板上市。陈春明最初的愿景，正在转化为现实。

“芯德”的管理心经

“一年企业靠运气，十年企业靠经营，百年企业靠文化。”谈及公司名称“芯德”的来历，陈春明说：“我觉得我做老板就要以德服人，投资我们的老板也投资了一个带‘芯’字的公司，所以同心同德就是‘芯德’。”

“芯”，因为公司的产品业务与芯片息息相关，还有“谁言寸草心，报得三春晖”的深刻寓意。推崇家文化、孝文化的芯德科技，已努力构建起现代企业管理与传统文化相融合的企业文化氛围。“德”，公司以“正德”作为核心价值观，有趣的是，德的拼音“de”，更是“designing”的头两个字母，代表芯德科技以研发设计为主体竞争力。

从《道德经》中，陈春明悟出了“无为而治并不是不去管，实际上它只

是强调不妄为”。企业家通利万物的能力大小，决定企业配置和调动社会资源的深度和广度，也决定企业的规模大小和平台的高低。企业的所有员工是共利的，企业要以群体的力量，去通利更大、更深、更广阔的社会资源，使企业蓬勃发展，做强做大。

俗话说，家和万事兴，企业亦是如此。一个企业的实力与活力，需要全体员工共同努力形成强大的凝聚力和向心力。芯德科技重视员工的身心健康，定期安排员工进行健康体检，每年都举办职工运动会，使员工在繁忙的工作之余，身体得到锻炼，压力也得到释放。由员工们组成的长跑团，每年都积极参加国内外的马拉松赛事。在陈春明看来，运动让员工拥有健康身体的同时，也培养了其吃苦耐劳、团结奋斗的精神。

“为世界全面接入网络而努力奋斗”是芯德科技的使命，也刻在了每一个芯德人的骨子里。一家快速成长的公司所面临的难题之一当然是寻找和培养人才。为此，公司特别成立了芯德学院，员工们不断学习、吸收国内外先进技术和卓越的管理经验，在日常工作的实践中不断提升自己的竞争实力。不仅如此，芯德科技还设立了专业技术职称评定委员会，每年为符合条件的员工评定技术职称。

古语有云，商场如战场，商场上的经营者就如同指挥千军万马的将帅，智慧的将帅往往能抓住有利时机，赢得人心，最终取得战争的胜利。陈春明的大气和芯德科技所释放的独有魅力，可窥一斑。

“富无经业，贵在诚一。”今日，要成为市场之领头企业或领军者，始终得将目标指向“人心”。同时，创业者们还要问问自己：你为谁而活？

专心笃志而致富者也，始终得将人之本质指向“诚心”，且“专一的诚心”。在这一点上，陈春明的坚持恰恰证明着“有态度”的存在是如何攫取市场并成功掳获一批“死忠粉”的，他用自己丰富的创业经历印证了这个千年的经商哲理，也为黄埔的企业家树立了榜样标杆。

文 / 张婧婧

获得的荣誉

- 企业五星品牌认证（2021）
- 工信部电信设备进网许可证（2020）
- 美国联邦通信委员会FCC认证（2020）
- 2019年度广东省“质量 服务 信誉”AAA级示范企业（2020）
- 2020年广东省优秀信用企业（2020）
- 巴西ANATEL认证（2019）
- 知识产权管理体系认证（2019）
- 全国科技型中小企业（2018—2019）
- 欧盟CE认证（2017—2019）
- CU-TR海关联盟EAC认证（2018）
- 中国国家强制性产品认证（2017—2018）
- 2017年度纳税信用A级纳税人（2018）
- 广东省高新技术企业（2017）
- 广州市企业研究开发机构（2015）
- 软件企业（2013）
- 第二届中国创新创业大赛（广东赛区）暨首届广东省“珠江天使杯”科技创新创业大赛成长企业组自强企业（2013）
- 第二届中国创新创业大赛（广东赛区）暨首届广东省“珠江天使杯”科技创新创业大赛三等奖（2013）

邹伟权

『黄埔有故事』讲述人

广州华大生物科技有限公司董事兼总经理

- “大湾区科技创新服务中心科学技术协会暨企业科技联合体”理事（2020—2023）
- 广东省辐射防护协会第二届理事会理事（2020）
- 同方威视技术股份有限公司第一届辐照业务专家团顾问（2015）
- 2011 粤商菁英年度人物（2012）
- 2011 年华南农业大学优秀经理奖获得者（2012）
- 广东省辐射防护协会第一届理事会理事（2012）
- 2008 年华南农业大学先进个人（2009）
- 中国同位素与辐射行业协会理事（2004—2008）
- 2006 年华南农业大学先进工作者（2007）

- 国内首家拥有大型钴源辐照装置和高能大功率电子加速器的辐照技术综合性高端服务企业。
- 中国首屈一指的综合灭菌和电离合约服务供应商，专注于辐照技术应用研究和服务开发的高新技术企业。
- 华大生物是亚洲单座最大辐照处理能力的辐照中心。在疫情防控的初级阶段，华大生物旗下有4家公司被列入国务院联防联控办防护服定点名单，是国内民营机构占比最多的一家；华大生物免费处理的防疫物资总量占全国的四成，免费辐照处理的货物价值已经超过7500万元，免去的辐照服务费超过300万元。华大生物的辐照灭菌大大缓解了前方的医疗物资压力，为抗疫抢得了宝贵的时间。

华大生物

从14天到10~30秒的硬核抗疫

2020年初，一场突如其来的新冠肺炎疫情不仅阻挡了人们归乡团圆的步伐，还让整个社会的节奏几近停滞。各方抗疫人员在武汉等几个疫情重点城市争分夺秒从死神手里抢人。医疗器械、口罩、防护服等资源极度短缺，而这些医疗用品在做成后的解析消毒期又长达14天。14天，会耽误多少挽救生命的机会，会有多少人撑不住？

在这关键时期，广州华大生物科技有限公司（以下简称“华大生物”）的技术团队加班加点进行技术攻关，把解析消毒的时间从14天降至10~30秒，帮助一线医护人员更好保护自己，挽救更多生命。

梦想从简陋的地下实验室开始

1964 年，华南农业大学建立了其第一座辐照室，这是全国最早从事辐照技术的应用单位之一。

1984 年，广东省辐照技术开发中心成立。

1987 年，广东省辐照技术开发中心的第二座辐照源建成投产。

在辐照产业，广东一直走在全国前列。

1972 年，邹伟权出生于广东省梅州市五华县。父母都是农民，他们深信一分耕耘就会有一分收获。从小父母就告诉邹伟权，做事先不要想着回报，要多给予，并且让他好好读书，将来出人头地。

父母的教育，邹伟权牢记在心。长大之后来到华南农业大学，在这里学习、工作、创业，多年象牙塔里的生活让邹伟权身上始终带着一股书生气。

没背景，没资金，邹伟权的创业是名副其实的白手起家。最初，他的辐照中心仅仅是一间简陋的地下实验室，因安全条件不合格还被查封过。后又因为

学校要修的一条路刚好经过，他的地下实验室接到了搬迁指示。

邹伟权不愿眼睁睁看着自己的努力付之东流，他找到学校领导并且承诺：两年内做成全国最大的辐照中心。

那个时候，全国有三百多家辐照企业，而邹伟权没有资金，没有设备，只有技术和一腔热血。学校领导觉得他在吹牛，不可能达到目标。

在学校走投无路的邹伟权不得不走向市场，开始找投资人。

谁能拿到黄埔的地，就接受谁的投资

邹伟权到处约投资人聊项目，他的项目有华南农业大学多年的辐照技术积累，有靠谱的实验数据，有详细的发展规划，他本人又有技术攻关能力和一腔热血，可谓万事俱备只欠东风。

邹伟权的项目很受投资人青睐，但选择投资人时他开出一个必要条件：投资人必须帮他拿到广州开发区的地。他看中的是黄埔区优质的营商环境，高效的服务型政府，大量的500强企业、高新技术企业，还有完善的医疗产业集群，在这里既方便生产，也方便服务客户。

邹伟权相信黄埔是能尽快帮自己实现创业梦想，帮投资人取得投资回报的地方，所以他将梦开始的地方坚定地选在这里。

他只用了几个月的时间就找到了合适的天使投资人，拿到投资后邹伟权开始按部就班地开启事业新征程。

邹伟权没有看走眼，生物医药产业是广州市黄埔区、广州开发区发展的核心产业，全区聚集了几百家生物医药企业，其中有多家高新技术企业，生物医药产业产值占全市五成以上，培育出达安、香雪等上市公司，还聚集了中科院生命健康研究院等一批国家、省、市研发机构，总体发展水平与中关村、张江、东湖一起位居国内第一梯队。黄埔区规划建设一系列生物医药产业基地，集聚更多投资实力强、发展潜力大、创新水平高的生物制药企业，力争打造千亿级生物医药产业集群。

工厂建成时只有一个人

尽管拿到了投资，也有黄埔区政府的支持，可邹伟权的创业路仍然充满艰难。

辐照产业属于核物理、重资产产业，创业前期投入是巨大的，买地、建厂、买设备、买原料，还没投产两个亿就已经花出去了。

钱不够怎么办？邹伟权买来树苗自己种，工厂设计图纸自己画，公司广场上地砖自己铺，能自己做的一定亲力亲为。

直到工厂投产的前一天，面对偌大的厂房，只有邹伟权自己一个人。大家是不是从没见过这么可怜的老板？

没有员工怎么办？于是邹伟权打电话给自己的学生、同事和朋友，问他们说能不能前六个月只给基本生活费，跟着他一起干。

这就是华大生物最初的创业理念：有梦一定有未来。

邹伟权打完电话的第三天，到位二十多人，工厂正式投产。

此后的日子里，邹伟权和大家吃住在一起，吃大锅饭，睡大通铺。

公司成立多年后，大伙儿每每回忆起那段靠梦想活着的日子，就觉得那是最快乐的时光，虽然工资少，但是大家内心格外的满足。

成立第一年，华大生物净利润就达到了四百多万，三年做到了全国单站最高。而当初那位觉得邹伟权吹牛的领导，也看到了邹伟权的能力，之后在各种审批中为邹伟权开绿灯，在学校多个会议上赞扬邹伟权有梦想，说到做到。

邹伟权很喜欢的一本书是《基业长青》，这本书通过旁征博引对高度成功、富有生命力的公司在成长各阶段的企业战略、组织、流程、企业文化以及对企业接班人的培养等均做了精辟透彻和生动深入的分析，研究企业如何应对世界发生急剧变化（两次世界大战、大萧条、革命性的科技、文化动荡等）而依然基业长青，从不同侧面演绎与诠释了世界著名企业长盛不衰的发展史。

邹伟权说："这本书可以为准备创业、正在创业的人带来一些启发。每个企业都有自己对标的对象，如何在对标中成就卓越，实现超越，是每一个创业者都要思考的问题。"

专注，50 多年只做一件事

“励志，感恩，弘毅，创新”，这是华大生物的企业文化，也是邹伟权的人生准则。“人活着一定要做一件有意义的事，一定要有梦想”，邹伟权以梦想点亮了人生，成就了自己。

“士不可以不弘毅，任重而道远”，邹伟权形容自己是个理想主义者。30 年来他一直坚守这个行业，时时刻刻想着创新，他要把企业做好，并且要做就做到最好，要做到跟别人不一样。

至 2021 年，华大生物具有 53 年的辐照技术研发和服务专业经验，拥有具 20 年辐照技术及检测技术研发经验的专家团队，可以为客户量身定制最完整、最适合、最具成本效益的辐照技术应用解决方案。

华大生物专注智能型高能电子加速器的设计和制造，拥有发明专利 20 项，团队成员从业 20 多年，引领中国电子加速器的制造发展方向。华大生物实现了华大加速器集离散控制、过程控制、运动控制、人机界面为一体的生产自动控制系统，实现了仓库管理系统、辐照加工生产监控系统与企业 ERP（企业资源计划）系统有机融合，实现了辐照技术服务的自动化、智能化、信息化、管控一体化智能水平，达到国际一流，国内领先。

在灭菌方面，华大生物是专业的，邹伟权说："53 年的经验结合我们强大的专业技术知识，无论你的产品是食品、药品，还是化妆品、医疗器械、包装材料，我们都可以为你提供专业灭菌解决方案；无论你有什么问题，我们将全力协助你发现解决之道。"

有这样的底气，是因为华大生物的专注。成立这么多年，华大生物并没有像其他公司那样不断拓展专业领域，搞跨行业经营，在其他企业坚信鸡蛋不能装在一个篮子里的时候，邹伟权坚持把所有鸡蛋只装在一个篮子里。"1 年、5 年、10 年、53 年，我们只做一件事情：为客户提高产品品质和减少损失，提高生活质量。实际上，我们所有的努力都是为了让辐照技术能够惠及更多的企业和个人，创造商业价值和社会效益。"

硬核抗疫一战成名

2020 年初新冠肺炎疫情暴发后，短时期内医疗资源的挤兑和全国人民对病毒的恐惧将市场上需求量本较小的口罩、防护服等防疫物资突然需求量放大成百上千倍，变得极度紧缺。

服装厂、玩具厂、汽车厂都加入了生产口罩的大军，然而，却出现了一个在网上引起极大争议的问题，那就是，新闻每天报道有多少企业每天生产了足够的口罩，而前方医护却仍因为口罩短缺在网上求助。

原来口罩并不像普通老百姓想象的那样，把几块布缝起来就行了。医疗环境中口罩必须使用无菌的，而要达到这种状态，需把缝好的口罩放进无菌的空间解析消毒。

"像口罩之类的防疫物资，和呼吸道密切接触，必须要经过杀毒处理才能投入使用。……对于一线的防疫人员而言，缓不济急。"邹伟权介绍。

14天，会耽误多少挽救生命的机会？会有多少人撑不住？

华大生物的辐照灭菌法是美国FDA认可的医疗用品终端灭菌方法。所谓辐照处理是一种民用非动力核技术应用，作为一项环保、安全、先进的高新技术，辐照技术在国际上的医疗卫生健康领域应用广泛。目前，欧美国家医疗用品主要采用辐照技术消毒灭菌，而在我国仅占到10%左右。

科学家经过长期研究已经证明，辐照灭菌是一种安全可靠的方法，它能有效杀死包括炭疽在内的细菌和病毒。低碳、节能、环保是时代的主旋律，辐照技术替代EO灭菌（环氧乙烷灭菌）是大势所趋。

与EO灭菌相比，辐照灭菌具有如下优势：无化学残留，不会对人体健康造成危害；辐照加工完成后即可投入销售环节，无须通过较长时间的化学残留解析过程。

在华大生物的辐照处理车间中，先进的加速器系统产生的高能电子束、钴源辐照系统发出的高能γ射线，这些高强度的射线经过特定的工艺设计后均匀透射一箱箱防护服、口罩，为这些防疫物资消毒灭菌。

邹伟权深入浅出地描述辐照灭菌的优势：“传统使用的气体法消毒，消毒之后的防疫物资上会残留消毒用的环氧乙烷，需静置7~14天让有毒气体挥发掉后才能被使用。而辐照灭菌的效率更高，且更加安全。就像被光线照射过一样，防疫物资的消毒时间就是通过射线区域的时间。根据物资的密度、材质、原菌落水平计算出相应的通过速度，一般在10~30秒就能完成。”

除了速度快、效率高外，辐照灭菌还具有四大优势：没有化学残留；灭菌过程中无明显升温，对热敏性材料消杀效果较好；穿透力强，可在不破坏原材料包装的情况下进行杀菌消毒；不需后期处理，灭菌后即可直接使用。

正是基于这些特性及优势，在抗击疫情期间华大生物在无菌医疗器械消毒方面大显身手。

2020年1月26日华大生物启动了防疫应急响应，27日就开始对外免费提供防疫物资的辐照处理，集中所有人力、物力投入到抗疫生产一线，三班倒24小时待命。之后，每天都有一辆辆物流车来来往往，把新生产的防护服、一次性手套、口罩卸载下来，又把已经消毒完成的防疫物资拉走。新到的防疫物资以最快的速度进入华大生物的辐照车间，大约 15 分钟，防疫物资完成消毒即可投入使用。

在疫情防控的初级阶段，华大生物旗下有 4 家公司被列入国务院联防联控办防护服定点名单，是国内民营机构占比最多的一家；华大生物免费处理的防疫物资总量占全国的四成，免费辐照处理的货物价值已经超过 7500 万元，免去辐照服务费超过 300 万元。

不仅如此，在充分释放公司服务效能的同时，华大生物积极联系各基金会，为受捐物资提供免费的存放场地，并第一时间开展免费辐照灭菌服务，充分体现了公司的担当和责任意识。

华大生物的辐照灭菌大大缓解了前方的医疗物资压力，为抗疫抢得了宝贵的时间。

防疫期间，从中央到广东省、广州市、黄埔区领导对华大生物的贡献和付出，表示了高度认可和赞扬，有多家电视台、超过 50 家新闻媒体对华大生物硬核抗疫情况进行了采访报道。

这家专注辐照行业多年的隐形冠军不鸣则已，一鸣惊人，在抗击疫情这场举国战役中一战成名。

与黄埔区共谱广东密码

事实证明，邹伟权选择黄埔是极具慧眼的。当新冠肺炎疫情来袭，黄埔区是全国最早组织起强大科研力量的地方之一，中科院研究机构、生物医药战疫企业等172家单位，参与了此次疫情的防控工作。广东省6个针对疫情防治的科技重大专项，黄埔区牵头承担3个，成为全省新冠肺炎防控科技攻关的主力军，为全国、全省疫情防控工作贡献了黄埔智慧。

除了华大生物之外，黄埔区达博、恩宝、锐博等科技企业成为全省新冠肺炎疫苗研制的绝对主力。香雪制药等科技企业为疫情防控提供防护物资保障。赛特智能科技公司医院机器人为武汉定点医院提供医疗物资无人运送解决方案。阳普医疗研发的真空采血管自动脱盖机是该领域全国唯一获得三类医疗器械证书、具备病毒防护能力的机器。普理司公司三天时间研发出全国首条柔性AI视觉全自动口罩机，日产口罩超15万片。达安基因诊断试剂盒成为全国6种获得国家市场监督管理总局批件的检测试剂盒之一。万孚、华银、凯普、微远等近十家科技企业都研发了自己的核酸诊断试剂产品，其中钟南山院士团队和广东和信健康科技有限公司研发出的抗体快速检测试剂盒，仅需采取一滴血就可在15分钟内肉眼观察获得检测结果。

在新冠肺炎检验诊断方面，广东省公布的5家新冠肺炎检测诊断机构中，黄埔区4家企业榜上有名，分别是金域医学、达安临检、华银医学、凯普医学，占全省八成；日检测能力近3万人份，占全省九成以上。

在新冠肺炎疫情发布的第一时间里，再生医学与健康广东省实验室于2月4日分离出第一株在广州本地被感染病例的新型冠状病毒毒株，为接下来的药物筛选、疫苗研制、致病机制研究提供了重要支撑。

在检测试剂和治疗药物研发方面，黄埔在全国遥遥领先，速度在全国屈指可数。大家把这种以科技创新作为抗击疫情主力军的表现称为“广东密码、黄埔现象”。

2020年3月，广东省委深改组提出，支持建设国家生物安全综合治理试验区。这个重要的试验区，就落在广州市黄埔区。

“在国家审批的相关检测试剂和治疗药物研发方面，黄埔在全国也是遥遥领先的，可以说中国最系统的研发基地之一就在黄埔，”中国科学院院士赵宇亮说，“黄埔能在最短的时间内把所有科技力量快速组织起来，构建了从中科院院所到企业、研发团队整个产学研链条，速度在全国屈指可数，这样的科研环境也是绝无仅有的。”

华大生物立足黄埔，辐射全国。相信，在黄埔这片创业热土上，有全国领先的生物医疗产业环境，有在产业链上非常优质的企业，华大生物与相关生物医疗企业会产生更大的社会效益，让国家生物安全综合治理试验区建设在黄埔顺利开展。

文 / 朱卫卫

获得的荣誉

- 国家知识产权优势企业（2019—2022）
- 广东省高新技术企业（2016—2021）
- 2019年度广东省“守合同重信用”企业（2020）
- 广东省知识产权示范企业（2019）
- 第七届中国创新创业大赛（广东·广州赛区）暨第三届羊城“科创杯”创新创业大赛新能源与节能环保行业决赛成长组一等奖（2018）
- 第七届中国创新创业大赛（成长组）优秀企业（2018）
- 广东省电子直线加速器装备制造及其应用示范平台建设工程技术研究中心（2016）
- 广州市企业研究开发机构（2015）
- 广东省辐射安全与防护示范单位（2014）
- 2013年度广州市清洁生产优秀企业（2014）

肖艳文

『黄埔有故事』讲述人

广州迪澳生物科技有限公司副董事长

- 2019 年度广东省科学技术进步奖一等奖（结核病防治技术集成与应用研究）获得者（2020）
- 中国女医师协会公共卫生专业委员会第三届委员会委员（2019）
- 2017 年度广东省科学技术奖励三等奖（食品安全生物风险因子快速检测技术研究及应用）获得者（201
- 广东省防痨协会第九届理事会常务理事（2017）
- 中国防痨协会第十一届结核病转化医学专业分会常务委员（2016）
- 中国防痨协会第十一届理事会理事（2015）
- 中国食源性微生物检测技术创新战略联盟常务理事（2015）

- 迪澳生物 2008 年成立于国家级高新技术产业开发区，是一家累计研发投入超亿元的高新技术企业。
- 长期致力于结核病诊断产品的研发及产业化，已建立成熟的医学诊断平台，研发了一系列应用于结核分枝杆菌诊断的产品以满足国内外市场的需求。

迪澳生物

呵护健康生命的“侦察兵”

加速科技创新成果转化，做抗疫“侦察兵”

2020 年注定是不平凡的一年。伴随着新冠肺炎疫情暴发，过去武汉熙熙攘攘的街道变得无比安静。

生命重于泰山，疫情就是命令，防控就是责任。全国几百支医疗队、几万名医护人员日夜兼程驰援武汉，用逆行者的精神和勇气，投入到这场没有硝烟的战争中！作为传染病领域的一名科技工作者，肖艳文百感交集，快速研发出新冠病毒核酸检测试剂是她唯一的信念。带着这份责任和信念，肖艳文和广州迪澳生物科技有限公司（以下简称“迪澳生物”）迅速投入到新冠病毒核酸检测试剂的研发中。

2020 年 1 月 12 日，中国向世界卫生组织分享新冠病毒基因组序列信息，1 月 13 日迪澳生物召开紧急会议，对新冠病毒核酸检测试剂的开发进行紧急部署，研发团队当天便开始设计特异性的引物探针，并进行新冠病毒核酸提取试剂的研发。经过近半个月的日夜奋战，1月27日，迪澳生物完成了新冠病毒核酸检测试剂的开发和转产工作，从采样到提取再到扩增的新冠病毒核酸检测整体解决方案便迅速服务于全国的抗疫工作。

2020年2月5日，广东省新冠肺炎疫情防控指挥部领导莅临迪澳生物调研，并将迪澳生物纳入广东省新冠肺炎疫情物资生产企业，迪澳生物正式成为抗疫战斗中的国家力量。

与临床一线的医生相比，检验科人员是“看不见”的医生，是抗击疫情一线的“侦察兵”。他们整天“藏”身于实验室，穿戴护目镜、防护服、橡胶手套，全副武装，直接与病毒“面对面”。从实验物资准备、个人防护、核酸提取、实验扩增、结果分析到检测结束，最少需要五六个小时。每次取样、加样都要精确到几微升，非常考验检验师的体力和耐力，等完成检测走出实验室时，检验师们常常是筋疲力尽。检测试剂、仪器、数据是他们的作战武器，他们无所畏惧、默默奉献，用自己的实际行动守护着人民的生命健康。

新冠病毒核酸检测是抗疫过程中的重要一环，肖艳文深知她和迪澳生物所肩负的重任。2020年2月初，迪澳生物迅速集结公司所有人员，全面参与到抗疫之中，第一时间将新冠病毒核酸检测产品送到湖北省黄冈市、鄂州市、恩施州等地疾控中心和定点医院。同时，迪澳生物联合丰田、福特、中伦律所等大型企业，共同为疫区捐资捐物。捐赠医用口罩18500人份、一次性使用病毒采样管21500人份、核酸提取或纯化试剂6000人份、新冠病毒核酸检测试剂6150人份等，物资总价值约150万。

回忆当时的情况，肖艳文告诉记者：“当看到我们的防疫物资出现在武汉方舱医院及各疫情筛查点时，我们都为能够成为抗疫战斗中的一分子而倍感欣慰。”

在国内疫情得到有效控制时，国际疫情全面暴发，其严重程度和蔓延速度，远超国内之初。迪澳生物决定走上国际抗疫之路。2020年3月，迪澳生物获得中华人民共和国医疗器械产品出口资质、欧盟CE认证，随后，通过国际质量体系ISO13485认证、国家海关特殊物品出口审核，并进入商务部出口白名单。

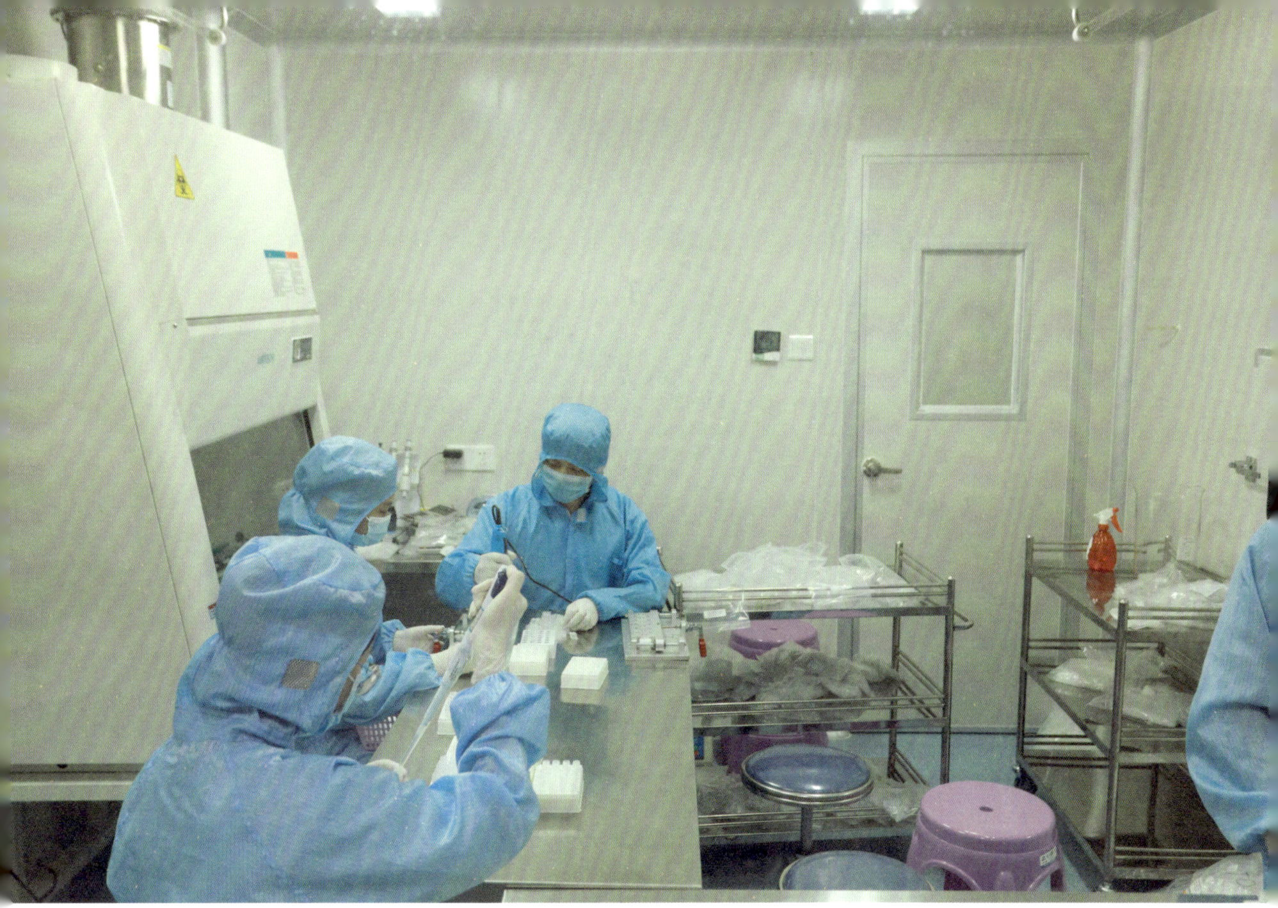

经过与多国大使馆沟通后，迪澳生物最终为欧盟、东南亚和非洲等多个地区国家提供了新冠病毒核酸检测试剂等防疫物资。

肖艳文坚定地告诉记者，迪澳生物依然会秉承“越是艰险越向前”的创新精神，加速科技创新成果转化，为疫情防控贡献力量。

推出 1 小时结核病核酸快速应急检测系统

在后疫情时代，迪澳生物认为企业和组织必须要有预见性，需时刻关注疫情防控动态，扎实做好各项疫情防控工作。

2020 年 7 月 3 日，为了进一步完善传染病防控体系建设，提升传染病防控能力，切实发挥发热门诊在传染病防控中的探头作用，北京市卫健委印发了《关于加快推进我市医疗机构发热门诊建设改造有关工作的通知》。

为了助战发热门诊，迪澳生物推出 1 小时结核病核酸快速应急检测系统。

结核病核酸快速应急检测系统是国家“十二五”重大传染病专项成果，由核酸提取试剂、结核分枝杆菌复合群核酸检测试剂和恒温核酸扩增荧光检测分析仪（Deaou-16P）组成，因轻巧易携带，且操作便捷，内置配套辅助仪器、手提电脑、临时电源和联网设备等，特别适用于人员密集区的学校、工厂、口岸等疑似结核病突发公共卫生事件现场的紧急筛查、监测、核实等应急检测。同时可将各分现场的数据实时上传至结核病防治所中心服务器汇总、分析，便于中心指挥处及时掌握疫情，高效制订出最佳的防控方案。

结核病核酸快速应急检测系统采用独特的核酸裂解和提取技术，仅需将液化的痰液标本在收集管中进行混匀，常温静置10分钟即可实现样本核酸的高效提取，大大减少了实验操作过程，提高了检测的效率，同时借助独特的酶反应体系，在恒温扩增分析仪中仅需45分钟即可出结果，全程总耗时仅60分钟。

比起以前检测确诊结核病过程长达1个月，现在1小时结核病核酸快速应

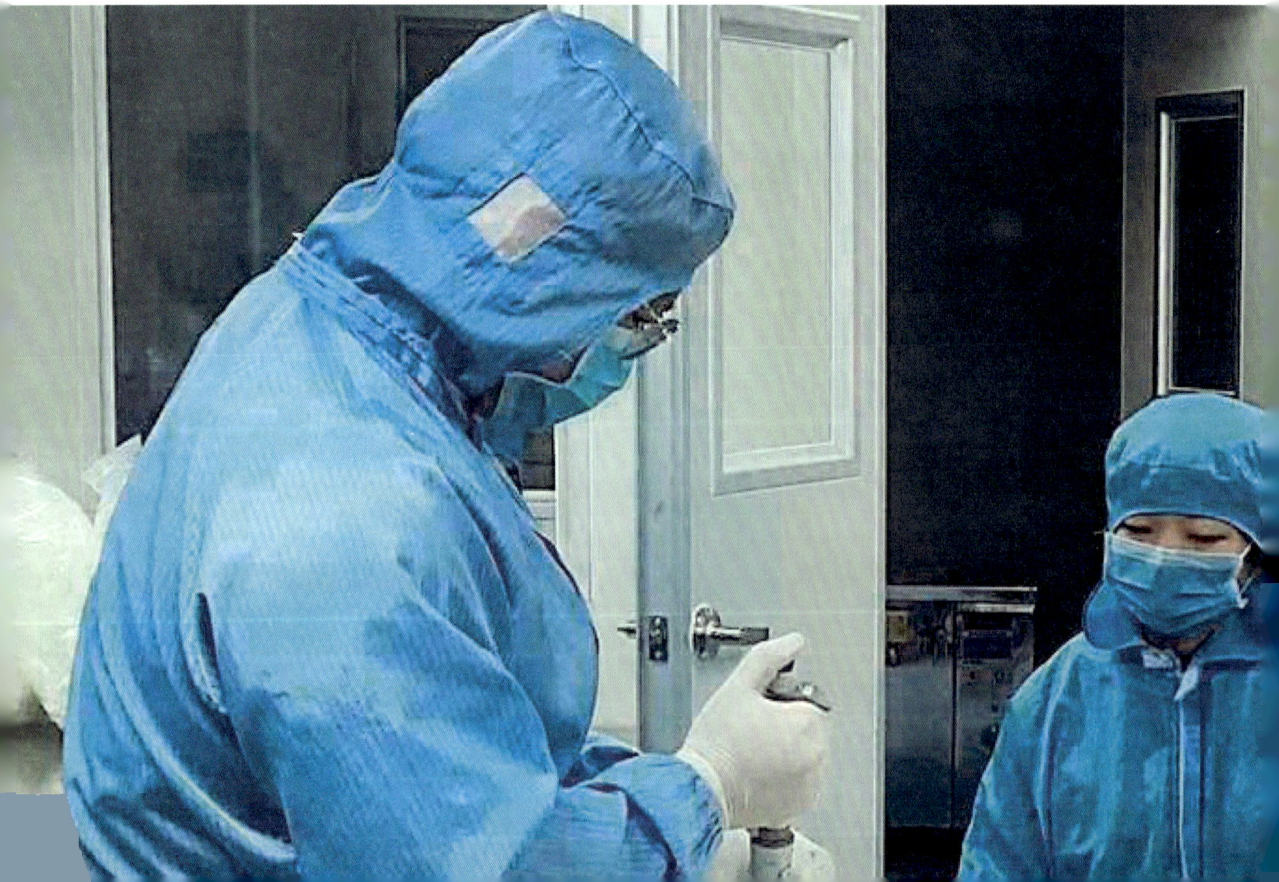

急检测系统成绩飞跃，肖艳文深知成绩取得不易，当年父亲长达一年结核病治疗的痛苦她历历在目。

“2000 年父亲患结核病，我才知道结核病不但没被消灭，而且离自己那么近。在长达一个月的检测确诊过程中，家人饱受等待结果的焦虑和煎熬。”肖艳文回忆道。

检测确诊时间长不仅加重了家庭与国家的负担，也耽误了病人的治疗时机。肖艳文曾负责地方公共卫生事业，工作中她慢慢认识到，100 多年来，结核病没有新的药物和疫苗，诊断技术落后等都成为结核病防治的瓶颈。

怎么样才能缩短结核病检测时间呢？后来肖艳文接触到恒温荧光分子检测新技术，这一技术用在结核病检测领域很有优势，2 个小时内可以得到病原学结果，将这一新技术转化应用，将是利国利民的大好事。肖艳文说“企业家应当有社会责任的担当”，于是这条路走出去，就是十余年的行业深耕。

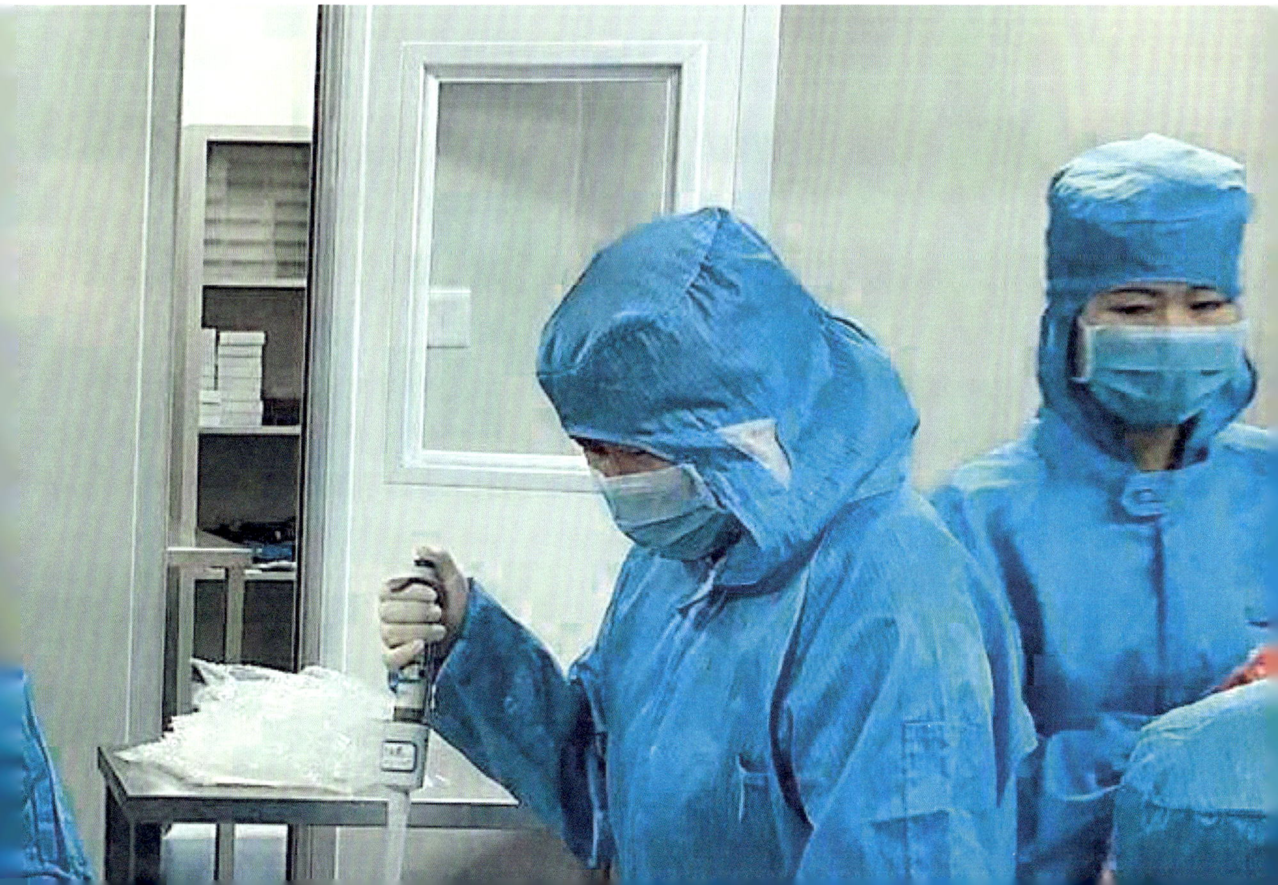

在广州高新技术产业开发区华南新材料创新园里，326 家各类新材料、生物医用材料、高端装备制造和高新科技服务行业中小微企业云集。在园区众多企业中，迪澳生物体量算不上是最大的，但其在结核病检测领域却是当仁不让的行业领航者。

迪澳生物自主研发的恒温荧光分子检测系统是国内首创，完全可以与进口设备媲美，并且操作更简单，成本不到进口的一半，基层都可应用起来。陕西、甘肃、江苏等省目前正全面使用。在某次的竞标中，一家外资企业低价恶意竞争，但通过现场测试，迪澳生物产品品质更胜一筹，并且迪澳生物承诺技术支持 24 小时内响应，最终迪澳生物赢得竞标。

这些年来国家对医药行业十分重视，特别是对国产医疗器械，帮扶支持力度非常大，加上广州市黄埔区的，肖艳文充满信心。

“砸锅卖铁”苦攻研发，政策支持“雪中送炭”

快速诊断工具缺乏，也意味着商业的蓝海。

2008 年，迪澳生物创立，肖艳文是创始团队成员之一。创始团队希望通过

研发新的分子诊断系统突破结核病诊断的瓶颈。

想让检测时间大幅缩短，必须开辟一条全新的道路。团队专攻的方向，为恒温扩增技术。这种技术是从样本液中读取核酸信息，通过捕捉荧光染料产生的荧光信号，分析呈现出的光强度曲线，进而对各样本液作出各种判断。

肖艳文说，当时他们的方向就是要将仪器设计到“半傻瓜式”，操作人员只管装置样本，剩下的工作都交给机器完成。机器也要小巧便携，便于地县级基层疾控单位推广使用。

在长达 7 年的研发时间里，肖艳文和团队苦攻完整解决方案。

众所周知，生物医药研发周期较长。一般的体外诊断产品从技术研究走到临床验证、产品复核和注册，往往需 8~10 年时间，此间企业一直处于“烧钱”状态，一旦研发失败、资金断链，企业就可能走到了尽头。

2008 年起，迪澳生物集中关注医学诊断和生命科学两方面，前期科研投入资金累计达 1 亿元。“都是真金白银、连人带钱往里砸，潜心投入科研，五年时间营收远远少于投入的资金。”肖艳文说。这导致迪澳生物曾数次陷入资金危机中。许多员工也是公司的股东，他们奔走筹资，说自己“砸锅卖铁”把全副身家都“赌”上，一定要在结核病诊断上探索出一条新路。

“好在广州有完备的政策体系，给予了迪澳生物雪中送炭的帮助。”肖艳文说，“生物医药研发周期较长，近两年企业才有产品在市场应用，资金回笼非常慢。”

当时广州市黄埔区、广州开发区给予了迪澳生物租金优惠，每个月租金仅需 25 元 / 平方米，“种子资金”也源源不断“输血”。在广东省、市层面，迪澳生物获得了承担专项课题的机会，广州市科技创新委员会牵线让公司获得融资机会，拿到了 500 万元的信贷资金额度。迪澳生物才得以“活下来”。

2018 年 7 月 11 日，时任广州市科技创新委员会社会发展和基础研究处处长彭华国、副处长冯杰及广州生物工程中心副主任黄立强等相关领导走访了迪澳生物，通过实地调研，了解迪澳生物创新技术研发情况和公司发展对政策方面的需求。

在交流过程中，肖艳文提出了包括国家政策方面、国家标准制定方面、人才引进方面以及企业融资方面等需求，希望政府在制定相关政策的时候能给予考虑。彭国华表示企业的需求一定会纳入政府政策制定的考虑因素中。

实现高质量发展，需要良好的营商环境，北上广深等特大城市更应率先加大营商环境改革力度。与生俱来具有改革开放基因的广州高新区、广州开发区、黄埔区，正立足全省、放眼全国、对照世界银行营商环境评价体系，努力为特大城市营商环境改革创新探索新路、提供鲜活的“广东经验”。

作为广东省首个营商环境改革创新实验区，黄埔区一直很“给力”地为高质量发展“降噪”——“来了就办、一次搞掂”审批服务、全国唯一的知识产权运用和保护综合改革试验、政策兑现服务，以及“秒批”、“信任制筹建”、涉企证照“四十四证合一”等多项解决营商环境痛点、难点的改革，创造了多个“黄埔速度”“黄埔标准”。

为鼓励支持企业家参与制度建设，推进区块链、大数据、AI 等技术应用创新，率先衔接国际先进营商规则，企业开办全程“零见面”、0.5 天办结……

2020年4月，黄埔区重磅推出“营商环境10条”和营商环境改革创新99项具体措施，用两大政策文件打出优化营商环境“组合拳”，加快争创国家营商环境改革创新实验区。

从各个层面来说，广州确实是企业的摇篮。肖艳文赞扬说道：“广州具有良好的营商环境，愿意聆听企业的需求并给予合理的帮助。”

不忘初心：将创新技术带给每一次检测

迪澳生物秉持“将创新技术带给每一次检测”的服务理念，始终坚持客户第一、成就他人、开放创新、全力以赴、不断创新，使产品向系统化、智能化方向发展；致力于成为感染性疾病检测领域技术先进的领导品牌，为医学诊断、食品检验、科学研究等领域提供精准高效、操作便捷的系统化解决方案。

经过近13年的发展，在“十二五”“十三五”期间，肖艳文带领迪澳生物研发团队牵头承担了国家科技重大传染病专项“十二五”和“十三五”研究课题“新型结核诊断产品的研发与产业化”，针对结核病临床诊断瓶颈问题，提出了一套完整的系统解决方案，研发了多种结核病临床诊断相关产品，并获得4项国家CFDA注册证书，解决了结核病的快速诊断难题，在结核病的快速诊断及防控方面做出了突出贡献。相关结核病诊断产品被国家疾控中心推荐应用，目前全国30个省的100多家医院和基层县、社区推广使用，得到广大临床医生的一致好评和广泛认可。同时迪澳生物与中科院、盖茨基金的研究机构Global Good深度合作，进一步布局新技术产品。迪澳生物目前已成为广州生物医药领域有着高度成长性的企业，研发的产品或替代进口产品，或国际领先。迪澳也将成为国内IVD行业里传染病诊断细分领域的龙头企业。

肖艳文表示，企业一定要有使命感和社会责任感。在迪澳生物，自己既实现梦想，也帮助社会进步。创业十三载，从研发成果转化试生产、临床验证、注册到市场应用，虽然过程中遇到很多困难，但肖艳文仍然感觉很快乐。多年来，同众多科学家、院士、临床医生的交流，让肖艳文觉得自己的收获比付出更多。

对于公司今后的发展，迪澳人有长远的目标："希望迪澳生物的结核病诊断技术应用占市场第一名、食品安全检测技术应用居国内前三名，希望迪澳生物成为各类传染病检测解决方案供应商、主流食品养殖加工生产企业的战略合作方、食品安全大数据分析机构，以及分子和免疫检测应用技术开放式平台。"

文 / 陈淑文

获得的荣誉

- 华南结核病专科联盟理事单位（2018—2020）
- 2019年度广东省科学技术进步奖一等奖（结核病防治技术集成与应用研究项目）（2020）
- 传染病诊断试剂产业技术创新联盟单位（2020）
- 第三届中国孵化器TOP评选金蛋奖优秀在孵企业奖（2020）
- 绿色企业（2020）
- 结核病检测诊断创新团队（2019）
- 广东省高新技术企业（2019）
- 广东省高成长中小企业（2019）
- 瞪羚企业（2019）
- 中国防痨协会科学技术奖三等奖（基于恒温实时荧光技术建立结核分枝杆菌快速检测产品研发及产业化项目）（2018）
- 第七届中国创新创业大赛优秀企业（成长组）（2018）
- 2017年度广东省科学技术奖三等奖（食品安全生物风险因子快速检测技术研究及应用项目）（2018）
- 第七届中国创新创业大赛（广东赛区）暨第六届广东省“珠江天使杯”科技创新创业大赛成长企业组生物医药行业优胜奖（2018）
- 广东省博士工作站（2018）
- 湖南省防痨协会第十二届理事单位（2018）
- 第七届中国创新创业大赛（广东·广州赛区）暨第三届羊城“科创杯”创新创业大赛生物医药行业成长组第4名（2018）
- 中国防痨协会结核病转化医学创新基地（2017）
- 中国防痨协会第十一届理事单位（2015）

谢树鑫

『黄埔有故事』讲述人

瑞博奥（广州）生物科技股份有限公司总经理、党支部书记

- 2016—2017 年度广州开发区创新创业骨干人才和紧缺人才（2017）
- 2015—2016 年度广州开发区创新创业骨干人才和紧缺人才（2016）
- 2014—2015 年度广州开发区创新创业骨干人才和紧缺人才（2015）

- 作为广州开发区首批企业孵化器单位之一，瑞博奥是一家以世界领先的蛋白质检测技术和产品为主导的国家高新科技企业。
- 致力于为后基因组时代的疾病诊疗和生物医学研究开发提供具有创新性和可靠性的技术、服务和产品。
- 为改善医疗诊断、个体化治疗、药物开发和生物标记开发，以及加强临床研究的团队提供蛋白质技术平台和用于疾病诊断及个体化医疗的产品。
- 瑞博奥拥有世界上最高通量定量检测血液蛋白质标记物的芯片技术，只需1~2mL的血清就可以定量检测超过1000种蛋白质标记物。可以为每一个人都画一条健康的蛋白质谱基准线，然后持续跟踪，及时发现异常指标，进而在早期发现健康异常状况，并进行干预。

瑞博奥

疾病诊断的“好助手”

“三剑客”聚首创业，闯出生物江湖一片天

2009年，黄若磐带世界领先的蛋白质检测技术归国创业，在广州市开发区成立了瑞博奥（广州）生物科技有限公司（以下简称“瑞博奥”），注册资本7200万元。

黄若磐找到多年的老朋友谢树鑫，希望他可以一起来做这个公司。收到黄若磐的邀请后，谢树鑫毫不犹豫地放弃了上市公司副总的职位，加盟瑞博奥，而王甲东也在不久后加盟，成了瑞博奥创业“三剑客”之一。

谢树鑫借用合伙人王甲东的一句话："蛋白质检测这项技术紧紧贴着国家创新发展的需要，它能影响一个家庭，甚至一代人。"

"三剑客"都是学医出身，可是在他们看来一个医生一次只能看一个病人拯救一个人的生命。但蛋白质检测技术能够影响和帮助到更多人。

三人选择创业，选择立在时代的潮头，做高科技领域的弄潮儿。目前，瑞博奥已成为广州生物医药千亿级产业集群中的重要一环。

目前，瑞博奥已建立完善的生产、销售、服务体系，销售网络覆盖全国各地。瑞博奥以蛋白质检测技术为基础，构建了从上游的生物原材料研发到下游的产品研发，再到平行的酶免技术、化学发光技术、时间分辨荧光技术、胶体金技术研发的全方位立体研发平台。

为了更好地持续发展和保障临床产品的生产，瑞博奥在广州科学城自主购置了16亩的建设用地，于2011年9月奠基建设35000平方米的新园区（一期13000平方米园区已经投入使用），其中拥有1300多平方米符合药品生产质量管理规范（GMP）的厂房，这将是世界上规模最大、种类最多的蛋白质芯片临床诊断产品生产基地。同时，作为广州开发区首批企业孵化器单位之一，公司建筑面积近10000平方米的孵化器一期工程已经建成并投入使用。建筑面积超20000平方米的孵化器二期工程将于2021年底建成。

除了园区建设外，目前瑞博奥中美两个实验室设备已超过200台，总价值超过5000万元。

通过自有的孵化器平台，瑞博奥积极引进高端人才，孵化与瑞博奥形成互补的高新技术小微企业。在未来，瑞博奥将陆续引进培育与公司的业务形成互补的产业链上下游企业，并选择其中的优势企业，将其吸收进公司，为公司创造更大的价值。

谢树鑫表示，广州开发区提供的各方面的支持，降低了瑞博奥的创业风险和创业成本，提高了瑞博奥的成活率。

同时，瑞博奥全力构筑人才高地，搭建留学人员施展才华的舞台，不断加大投入，充实海外留学人员信息资料库，重点引进新区高新技术企业急需的尖端技术人才。

在2014年，瑞博奥获批成立博士后工作站分站。该博士后工作站同著名高校合作，从事蛋白质检测技术、生物标记物、个体化医疗、临床诊断等研究。该工作站的成立，大大提高了瑞博奥的科研软实力，可以预见瑞博奥在科研领域将迎来爆发性的突破。

2014年全国共推荐了164家留学人员创业企业参评年度最具成长潜力的留学人员创业企业，获评的只有19家，瑞博奥是广东省唯一一家获评企业。"这项荣誉的获得，充分说明了我司自2009年成立以来的发展得到国家的认可。"谢树鑫说。同时，瑞博奥的蛋白质芯片技术的应用前景也被社会所看好。

世界首项人类细胞因子蛋白质芯片技术诞生

早在2000年，黄若磐就开发出了世界上首个人类细胞因子抗体芯片。凭借自主研发的蛋白质芯片技术，黄若磐于2001年在美国亚特兰大成立了RayBiotech公司。

而广州瑞博奥一开始是RayBiotech中国分公司（2016年底，广州瑞博奥完

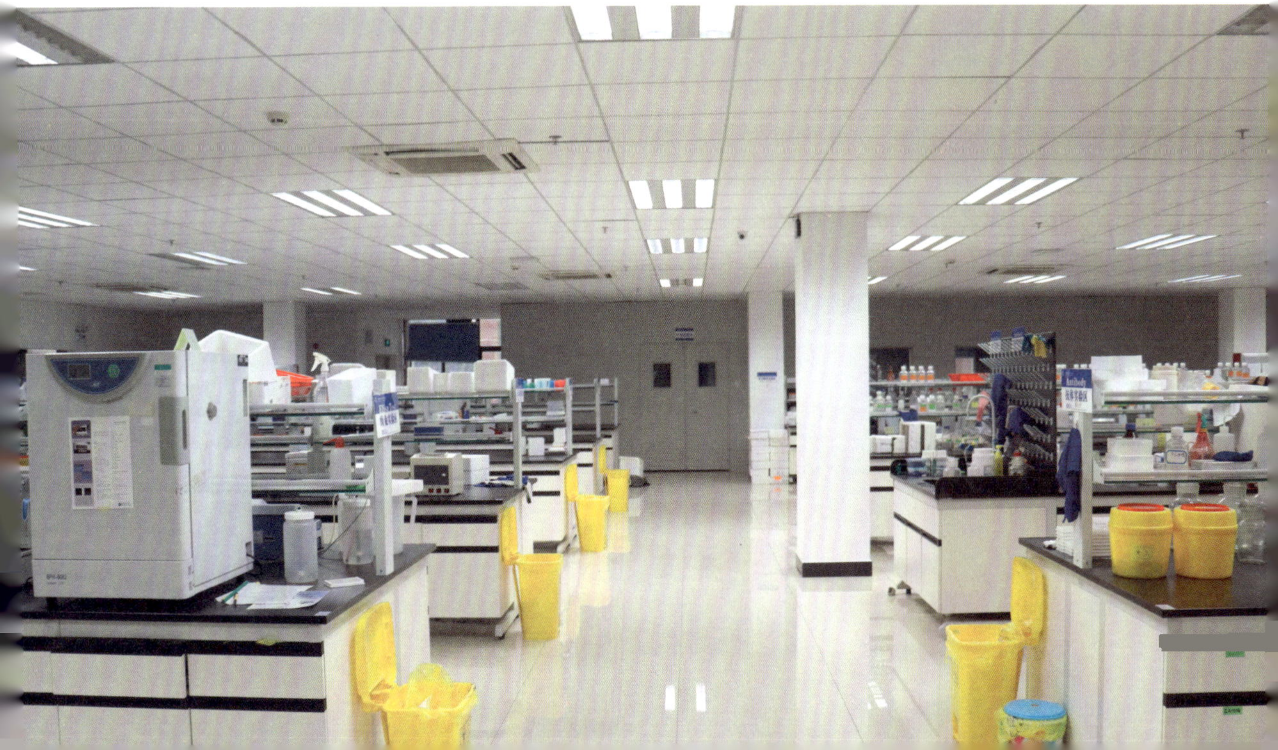

成了对美国母公司的逆向并购），创业是艰苦的，但是“三剑客”目标坚定：要让蛋白质芯片技术在中国落地生根，造福百姓。

蛋白质芯片技术在大健康管理、癌症早期筛查和肿瘤精准治疗等领域都有很广泛的应用。

从大健康管理领域来看，众所周知，人体血液中的蛋白质，与其身体健康状态是相关的。通过检测相应的生物标记物，可以动态地掌握个人身体状况的变化。但现在传统的检查存在两个问题。第一个问题是检测的指标比较少，一般都只有几个到几十个。大规模对血液生物标记物进行检测，一来在技术上无法实现，二来就算在技术上可以实现，也要采集大量的血液标本，在操作上无法实现。第二个问题是现在的检测大部分都是根据统计学的标准在大人群中划定正常范围。但人是存在个体差异的，对于一个人正常的检测值，对于另一个人来说也许是异常的。而瑞博奥拥有世界上最高通量定量检测血液蛋白质标记物的芯片技术，只需 1~2mL 的血清就可以定量检测超过 1000 种蛋白质标记物。

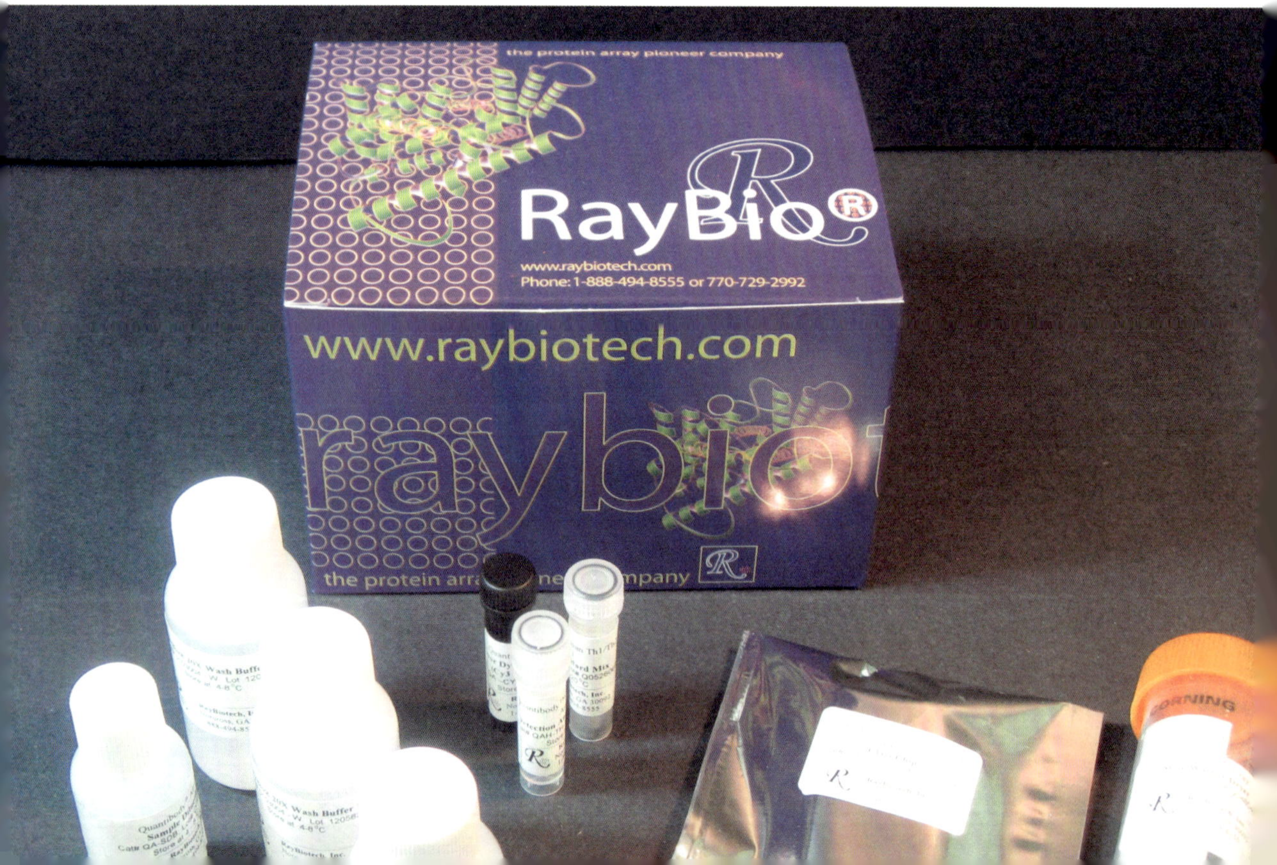

可以为每一个人都画一条健康的蛋白质谱基准线，然后持续跟踪，及时发现异常指标，进而在早期发现健康异常状况，并进行干预。

通过蛋白质芯片技术，通过检测与肿瘤的发生和增殖相关的蛋白质标记物，可以在肿瘤刚刚发生的时候发现它，并进行干预。这样的早期治疗可以极大地提高肿瘤病人的生存率。

随着基因组学、蛋白组学研究的深入，未来将有更多芯片诊断产品面世，生物芯片技术在药物研究与开发领域也将得到越来越广泛的应用，并逐渐渗入到药物研发过程中的各个步骤。随着国内鼓励新药研发和企业新药研发能力提高，药物研发将成为生物芯片的一个重要部分。

瑞博奥建立了世界上独特的生物标记物开发平台，该平台已经广泛应用于药物开发、疾病标志物筛选、信号通路筛选、疾病的发病机制研究、药物作用靶点研究、蛋白新功能研究、疾病诊断和预后、疾病分类、药物的效力和毒性、对疗法的反应等大多数基础研究和临床应用领域。

瑞博奥生物标记物开发平台的用户包括世界著名的院校、研究机构和大型药企，这些用户通过采用瑞博奥的技术和产品，取得了国际领先的丰硕的研究成果，发表了成千上万篇科研论文，其中不少论文发表在国际顶级期刊上，彰显了瑞博奥蛋白质芯片技术的国际先进性。

通过利用高通量蛋白质芯片技术筛选结核病人血清，瑞博奥发现了若干个可以区分活动性结核和非活动性结核的生物标记物。“目前已经进入产业化阶段。这是世界上首个能区分活动性结核和非活动性结核的检测手段，极大地推动了结核病预防和精准治疗。”谢树鑫说道。

近年来，生物芯片技术逐渐成熟，其产品应用领域得到不断拓宽，这项技术不仅在医学领域发展迅速，而且在农业生产、药物设计、环境保护、食品安全、军事等领域有着巨大应用需求，市场前景十分广阔。

与欧美发达国家相比，我国生物芯片技术研究起步相对较晚，但由于国家及相关部门的高度重视，以及一系列利好政策的持续推动，我国生物芯片产业发展十分迅速，至今已经取得了一定的成果，不仅申请的专利数量不断增加，所需具备的相关技术水平也得到提升，整体市场发展态势良好，在国际上的影响力逐渐增强，与欧美发达国家之间的差距正在逐渐缩小。

作为华南生物芯片研究中心和广东省生物芯片产业技术创新战略联盟的理事单位，瑞博奥从生物芯片行业需求出发，以提升生物芯片技术产业核心竞争力为目标，通过开放式的联盟形式加强合作创新，整合行业科技资源，促进信息、仪器设备、中试设备等资源共享，提高行业科技创新的整体能力。

瑞博奥遵循市场机制法则，加强以生物芯片龙头企业为主体、产学研相结合创新平台，突破生物芯片行业重点领域的关键技术、共性技术和前沿技术，促进区域社会、经济、环境的可持续发展和产学研合作各方的共同发展。

从2011年开始，瑞博奥已协办了十余届全国蛋白质芯片培训班，共培训了超过1000名来自全国各地的科研人员，极大地推广了蛋白质芯片这一前沿技术的发展及应用。

财政资金平价退出，将增值空间留给企业

蛋白质芯片技术是集表面化学技术、超微量点样技术、蛋白质技术、免疫技术、高精密度机械技术、图像识别技术、大数据处理与分析技术于一体的高科技综合技术。

这些技术，每一项的研发都需要投入大量的资源，而将这些技术整合在一起的蛋白质芯片技术，则更加具有挑战性。

这使得企业在研究和产业化的前期，需要投入大量的资金。同时，蛋白质芯片技术与免疫印迹、免疫比浊、酶免等传统技术相比，还是一个较新的事物。这一技术不能用传统技术对其进行衡量，而新的标准仍待完善。这使得市场对它的接受程度不够高，企业产业化耗时较长。

广州开发区为瑞博奥提供了600万元的启动资金、建设实验室用地和贷款补贴等多项优惠，解决了瑞博奥创业初期的一系列难题。“政府提供的资金帮助，当时给了我们极大的信心和鼓励。”谢树鑫说。

由直接补贴转变为股权投资是广州市于2014年开始尝试的财政补贴资金

的创新性使用方式，这使政府资金既实现了扶持创业创新企业的目的，又能循环使用，让更多企业受益。

转变财政资金的使用方式并不是一件易事，广州市政府直投资金的成功，也有赖于发改委、工商、税务等多个部门的通力配合。

广州市政府规定了直投资金的三种退出方式：直投资金参股3年内(含3年)退出的，转让价格按直投资金原始投资额确定；直投资金参股超过3年，5年内(含5年)退出的，转让价格按直投资金原始投资额与转让时中国人民银行公布的同期贷款基准利率计算的收益之和确定；直投资金参股超过5年退出的，以市场化方式退出。

2016年11月1日，直投资金以减资方式退出瑞博奥。得益于广州股权直投资金的注入，瑞博奥迎来“蜕变”。获得资本市场肯定后，瑞博奥正计划去新三板挂牌上市。

2016年底，公司完成了对美国母公司的逆向并购。在此之前公司已经和券商、律师事务所、会计师事务所就公司在创业板上市发行签订了协议。2017年，公司完成了股权激励计划，公司高管及技术骨干持股让整个公司的工作积极性得到了极大的提升。同时公司也引进了4500万的战略投资，并计划随着IPO（首次公开募股）工作的进展，引入更多的战略投资者。

自2009年进入广州以来，瑞博奥一直致力于建设高水平的研发平台。根据广州市科技创新委员会于2016年1月25日发布的消息，瑞博奥研发机构成功通过“2015年广州市企业研究开发机构建设专项”的核实，并将收到建设补助100万元。

此次通过广州市企业研究开发机构的认定，代表着政府对瑞博奥工作的肯定。技术研发是企业前进的发动机，瑞博奥将持续加大研发的投入，努力打造国际一流的研发平台。

“政府除了给公司政策和资金上的支持，还在材料进口上给予一定的帮助。”谢树鑫说。

公司的生产需要进口大量的抗体，但这些原材料常常因为安检不顺利而变质，造成了很大的浪费。于是谢树鑫找到广州开发区相关领导，研究如何解决生物类企业材料进口的问题。经过广州开发区的一系列规划建设，生物岛的生物质检平台现在已经搭建完善，瑞博奥的努力和坚持，改变了整个开发区的生物进口的格局。

得益于广州良好的创业环境及各级政府的扶持，新生的瑞博奥迈过了初创时期的困难，得以生根发芽，茁壮成长，进入快速发展阶段。谢树鑫说，随着企业的发展，员工生活变得越来越好。

历经十余年的发展，瑞博奥已发展到200多人规模，产品种类上万种，年销售额上亿元。

瑞博奥受各大报社报道，被媒体评为广州生物医药千亿集群一环、全球规模最大蛋白质芯片临床诊断产品生产线等。产品主要应用于包括癌症、心血管疾病、糖尿病、炎症、关节病、肥胖症、传染病、哮喘等多种重大疾病领域。

以精准医疗助力中国及全世界的大健康产业发展

瑞博奥以致力于大健康领域创新，引领世界生物医学技术发展，为人类的健康事业做出贡献为使命。

伴随着科技与社会的进步，越来越多的先进技术被应用于医疗领域，由此，医疗健康产业迎来了蓬勃发展。与此同时，相关政策的推动也为医疗行业注入新机会。《健康中国 2030 规划纲要》提出，到 2020 年，健康服务业总规模超 8 万亿，到 2030 年达 16 万亿。

医疗健康产业发展的春天已经到来，由于科技赋能医疗行业，使得医疗诊断变得更加精准，因此精准医疗悄然走入大众生活，成为大健康领域新风口。

精准医疗的关键在两点，精准诊断和精准用药，瑞博奥的蛋白质芯片在这两个方面都可以发挥极大的作用。

无论是中国还是美国，都认为蛋白质检测是精准治疗不可缺少的一环。中国精准医疗战略专家组负责人詹启敏院士强调，蛋白质检测将取得重大突破。而美国 2016 年发布的癌症登月计划也将蛋白质检测列为攻克癌症的重点研究领域。现在的精准医疗，已经进入了后基因组时代，瑞博奥不仅仅要检测

与疾病相关的基因，更要检测这些基因最终起作用的成品——蛋白质。蛋白质芯片作为高通量、高密度、高灵敏度、高精确性的技术，集各种不同蛋白质检测技术之长，既可以像质谱技术一样一次检测超过1000种蛋白质，又可以像化学发光技术一样精确定量，尤其是对血液中的低丰度蛋白质，也能实现检测。同时，其所需样本量少的这一优点，有利于其在临床的推广。

而在治疗方面，身体对于药物的治疗所起的反应，有一些往往不会以直观的表象表现出来。对于每一个病人，药物是否有效，不良反应是否会发生、是否严重，需要较长的时间才能发现。而通过蛋白质芯片监测病人用药后血清蛋白质标志物谱的变化，可以实现及早确认药物治疗效果，预警严重不良反应，进而避免错误的用药和过度治疗，实现精准用药。

瑞博奥在现有的基础上，已整合生命科学科研产品和服务、独立医学检验中心、瑞博奥健康管理及科技企业产业园业务，努力打造集生产销售、技术检测、科技研发、人才培养、孵化投资于一体的高科技产业集群。

“活到150岁”是谢树鑫及其团队奋斗的目标。这个目标听着也许有些不可思议，但瑞博奥实现目标的底气来自其在蛋白质芯片技术领域的深耕和创新。

瑞博奥通过利用蛋白质芯片技术对生命奥秘、长寿和干细胞的研究，发现了一系列能延年益寿的关键蛋白因子，且在动物身上的研究，的确有明显的效果，相信通过今后进一步的研究，有望在人体应用，活到150岁可能不再只是个梦想。

未来，瑞博奥还将持续利用蛋白质揭示生命、健康和长寿的奥秘，发现新的药物靶点，促进健康检测、临床诊断和防病治病的发展。

文 / 陈淑文

获得的荣誉

- 2019年广州未来“独角兽”创新企业（2019）
- “创新中国·2018年度新锐科技企业”奖（2019）
- 2017年度广州市创新标杆企业（2018）
- 广州市黄埔区　广州开发区知识产权优势企业（2018）
- 2018粤港澳大湾区生物科技创新企业50强（2018）
- 广东省高新技术企业（2017）
- 广东省蛋白芯片工程技术研究中心（2017）
- 知识产权管理体系认证（2017）
- 广州市企业研究开发机构（2015）
- 最具成长潜力的留学人员创业企业（2014）
- 广东省首家“广州高新技术产业开发区进出境生物材料检验检疫监督管理改革试点单位”（2013）
- 广东省引进创新科研团队“国际生物芯片技术研发应用团队”（2011）

『黄埔有故事』讲述人

刘锋

广州帝奇医药技术有限公司董事长兼总经理

- 2019 年度广州市产业领军人才（创业领军团队带头人）（2020）
- 2019 年度广州市产业领军人才（创新创业服务领军人才）（2020）
- 广东省药学会第一届药用辅料专业委员会副主任委员（2020）
- 广州市黄埔区、广州开发区标准化专家（2020）
- 广州市优秀专家（2019）
- 广东省药品监督管理局审评认证中心审评专家（2019）
- 广州开发区人才工作专家库专家（2019）
- 科技创新创业人才（2018）
- 广州市黄埔区、广州开发区优秀人才（2018）
- 广东省生物医药创新技术协会研发服务专业委员会副主任委员（2018）

- 帝奇医药是一家致力于药物制剂创新及技术服务的高科技企业。主营业务为高端制剂技术开发及产业化、新药临床前处方工艺开发和临床批次生产、仿制药开发及产业化、一致性评价、技术授权、技术转让、技术咨询等。
- 帝奇医药累计申请专利 59 项，其中已获得国家知识产权局授权发明专利 23 项；申请国际专利 20 项，获得欧洲国家专利授权 18 项、日本专利授权 1 项、韩国专利授权 1 项、美国专利授权 1 项；同时获得科技成果 5 项，自主开发的 3 个创新药即将进入临床阶段，注射用利培酮微球已获得中国 NMPA 和美国 FDA 临床批准。

帝奇医药

致力制剂创新，振兴中国医药产业

打造高能力人才体系，积极推动创新创业

习近平总书记在 2018 年两会期间参加广东代表团审议时强调：发展是第一要务，人才是第一资源，创新是第一动力。中国如果不走创新驱动道路，新旧动能不能顺利转换，是不可能真正强大起来的，只能是大而不强。强起来靠创新，创新靠人才。

在广州帝奇医药技术有限公司（以下简称“帝奇医药”）总经理刘锋看来，上至国家，下到企业，人才都是第一要素。

2020 年 9 月 27 日上午，与华南理工大学共建广东省联合培养研究生示范基地的授牌仪式在帝奇医药举行，该基地必将良好推动广东省药学专业的人才培养。借助研究生培养基地的平台，双方将共同努力，实现优势互补、强强联合，共同为国家药学事业的发展做出新的更大贡献。

帝奇医药以“科学、高效、创新”为理念，致力于打造高能力的人才体系，探索与高等院校共创合作培养人才的新模式。

电影《我不是药神》，令观众感动之余，也引发了民众对于“仿制药”的热议。同样的药效，为何来自印度的仿制药格列卫价格如此低廉，而进口的正品格列卫价格却这么昂贵？为何我们要从印度买仿制格列卫而没有国产的仿制格列卫呢？

中国是仿制药大国，近5000家制药企业中99%都是仿制药企业，近17万个药品批文，95%以上都是关于仿制药的，虽大而不强，其主要原因可能是中国原研药的基础还很薄弱，研制出来的药品质量还有待提高；与此同时，制药企业在集采政策下如何控制成本还能保持一定的盈利空间，把前期的研发投入收回来以支持投入更高的创新产品，是每一个中国药企、医药研发机构和投资

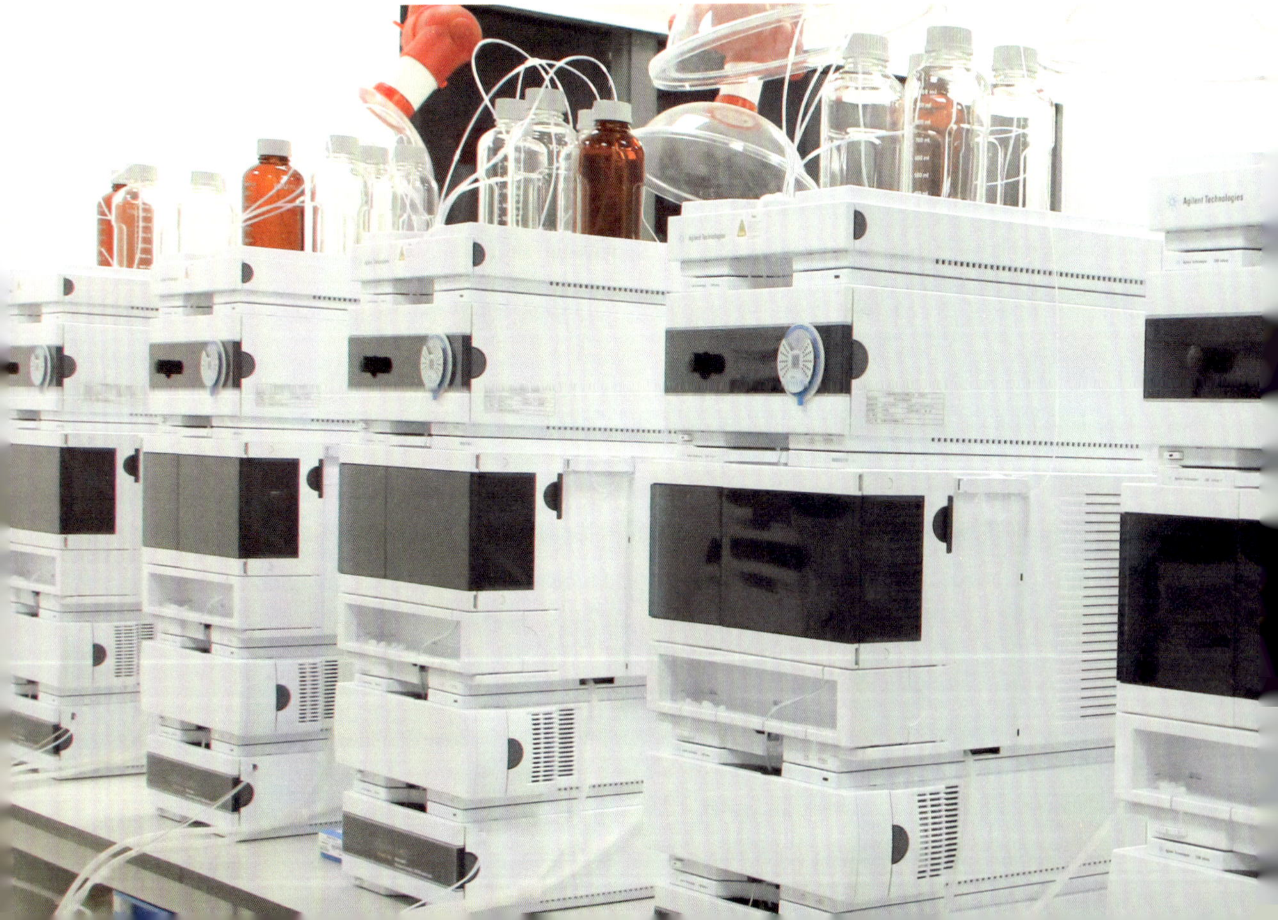

机构所面临的新的巨大的挑战。面向国家重大需求，作为广州生物医药产业发展重要集聚区和国家生物产业基地的核心区，广州市黄埔区、广州高新区通过聚焦国家平台，拓展产业发展空间，已形成“两城一岛”生物医药产业发展格局，并成功进入国内生物医药产业发展第一梯队。

位于广州市黄埔区国际生物岛的帝奇医药，是一家致力于药物制剂创新及技术服务的高科技企业。

帝奇医药专注于药物控释、缓释和靶向给药技术开发，拥有自主知识产权的靶向纳米制剂、长效注射剂、聚乙二醇化、口服缓控释制剂、仿制药一致性评价，以及高端制剂载体等6个创新技术平台。

近年来，随着制药行业的快速发展，行业中的各种问题也不断凸显。其中，人才短缺已经成为阻碍我国生物医药行业发展的一大短板，给企业的发展增添

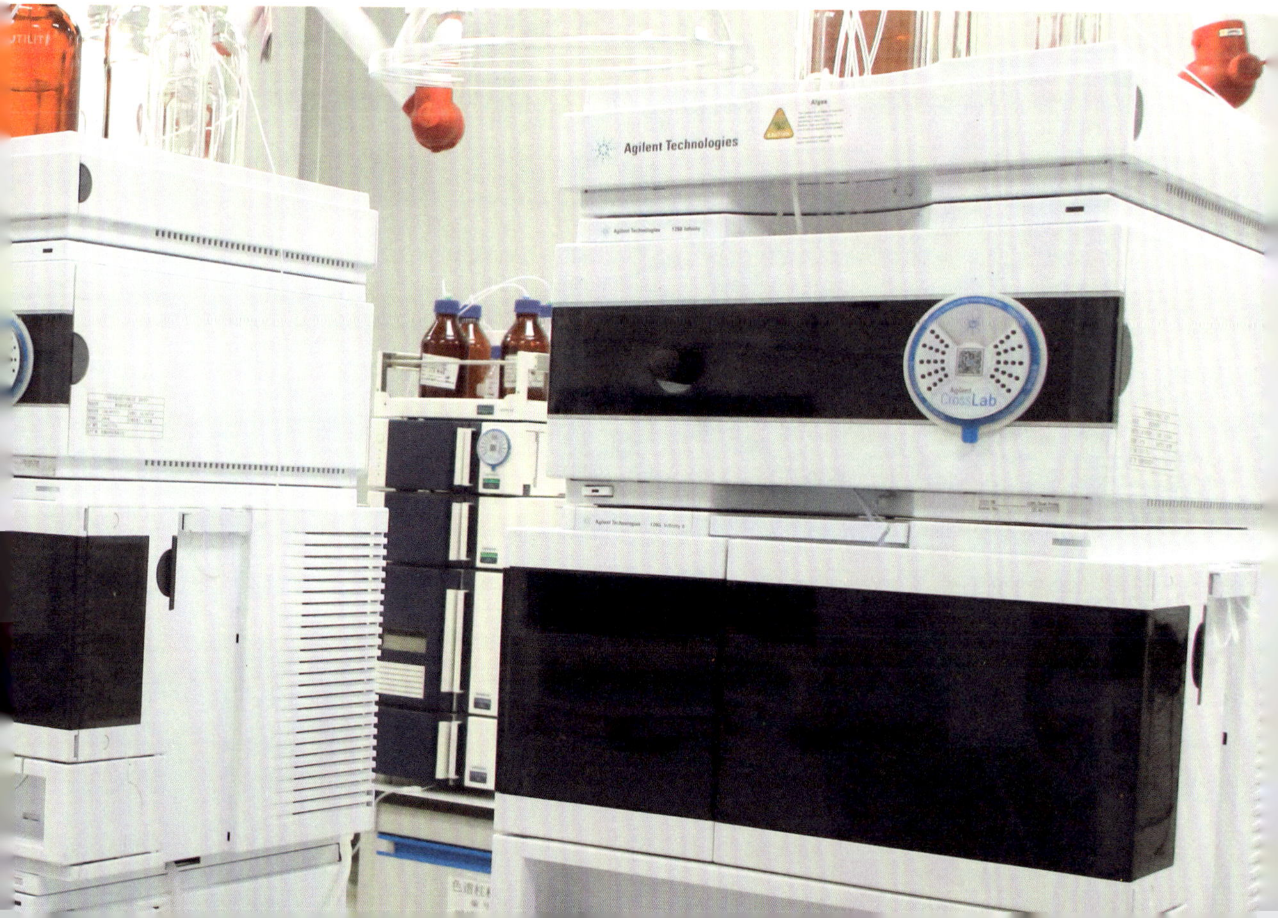

了许多不确定性。

帝奇医药在研发和推广科技创新成果的同时，注重人才的引入和培养，特别是海外高端研发人才。2021 年，帝奇医药有员工 90 余人，其中研发人员 70 多人，研发人员约占职工总数 80%，研发人员中博士 4 人、硕士 19 人、学士 48 人。

与华南理工大学联合建设广东省联合培养研究生示范基地之前，帝奇医药已与暨南大学联合共建广东省博士后创新基地，通过与暨南大学、电子科技大学、华南理工大学、澳门大学等境内外高校开展产学研合作、校企合作，吸纳和培养一批生物医药行业药物新剂型与制剂创制技术领域的专业技术人才，创造众多就业岗位，随着公司的发展，未来将创造更多的就业岗位，为广州经济发展培养更多的生物医药行业人才。

在刘锋带领下，帝奇医药积极开展国际合作，引进国际国内先进技术，促进中外交流合作，引进和培养生物医药行业的专业技术人才，不断提升的创新能力，搭建了 6 个创新制剂研发和产业化平台。

与此同时，帝奇医药积极发展缓释、控释、长效注射微球、高端制剂载体等新型制剂技术和新型辅料开发，为国内药企和医药研发机构提供高质量的技术服务。

在产生经济效益的同时，帝奇医药优化生产工艺，提高产品质量，大大降低了生产成本，并解决关键技术难题，全面提高药品的有效性、质量和安全性，保证公众用药安全，带动上下游产业发展，对广州生物医药产业的发展发挥了积极的推动作用，为中国经济建设和社会发展做出了贡献。

回国从零开始创业，打破高端制剂巨头垄断

2011 年，国家“十二五”规划将生物医药列为战略产业；2016 年，“十三五”规划则将开发高端制剂纳入国家的发展规划中。

这些新政和举措不仅肯定了制剂技术特别是高端制剂技术的重要性，为高端制剂产业的发展奠定了基础，指明了方向，还为高端制剂的开发与产业化开

拓了一条高速发展的路径，也为刘锋的“高端制剂梦”打开了广阔的天地。因此，刘锋放弃熟悉、优越的工作环境，毅然回国从零开始的创业。

刘锋表示，希望通过企业这样一个载体，完成一个技术或者一系列技术经由概念、研发、产业化到上市销售这样一个全过程，让人类远离病痛、益寿延年；希望可以将自己积累的研发和产业化的经验毫无保留地传授给年轻的一代，见证这些年轻人的成长过程，让他们成为对社会有用的专业人才；希望实现企业从无到有，从小到大，直到上市的全过程。

刘锋认为创业与打工不同，创业不仅需要人才，需要技术，更离不开国家政策的支持，所谓天时、地利、人和缺一不可。2010 年，新型高端制剂的研究已成为国际药物创新的前沿，中国的药企正面临发展进程中的重大关口。此时，刘锋选择回国创业，将“开发制造百姓用得起的高质、高效、长效、高依从性的好药”作为帝奇发展的愿景。

刘锋说："2015 年以后，国内的药物法规和审批流程与欧美越来越接轨，我们和国家食品药品监督管理总局药品审评中心的交流也越来越畅顺。"

国内的仿制药开发与生产由过去的市场导向，发展到今天的以患者需求为导向，在理念上经历了一次质的蜕变，在产品的选择，剂型的选择，产品的生产、管理和核查上也有了巨大的改变，这种改变快速地缩短了国内外制剂行业的技术和质量上的差距。

在二类创新药的开发方面，刘锋认为我国与发达国家相比还有一定的距离，主要表现在人才短缺、设备短缺和可用原辅料的短缺，特别是在注射剂方面尤其是高端制剂方面。

为了支持自主研发的长效注射剂的开发以及回应高端制剂市场的需求，帝奇医药在 2020 年申报了两个规格的 PLGA（聚乳酸—羟基乙酸共聚物）可生物降解辅料——PLGA8515 和 PLGA7525，2021 年还申报了 PLGA5050、PLGA9505 等型号。刘锋希望通过这些努力能够为中国高端制剂的发展贡献自己的一点力量。

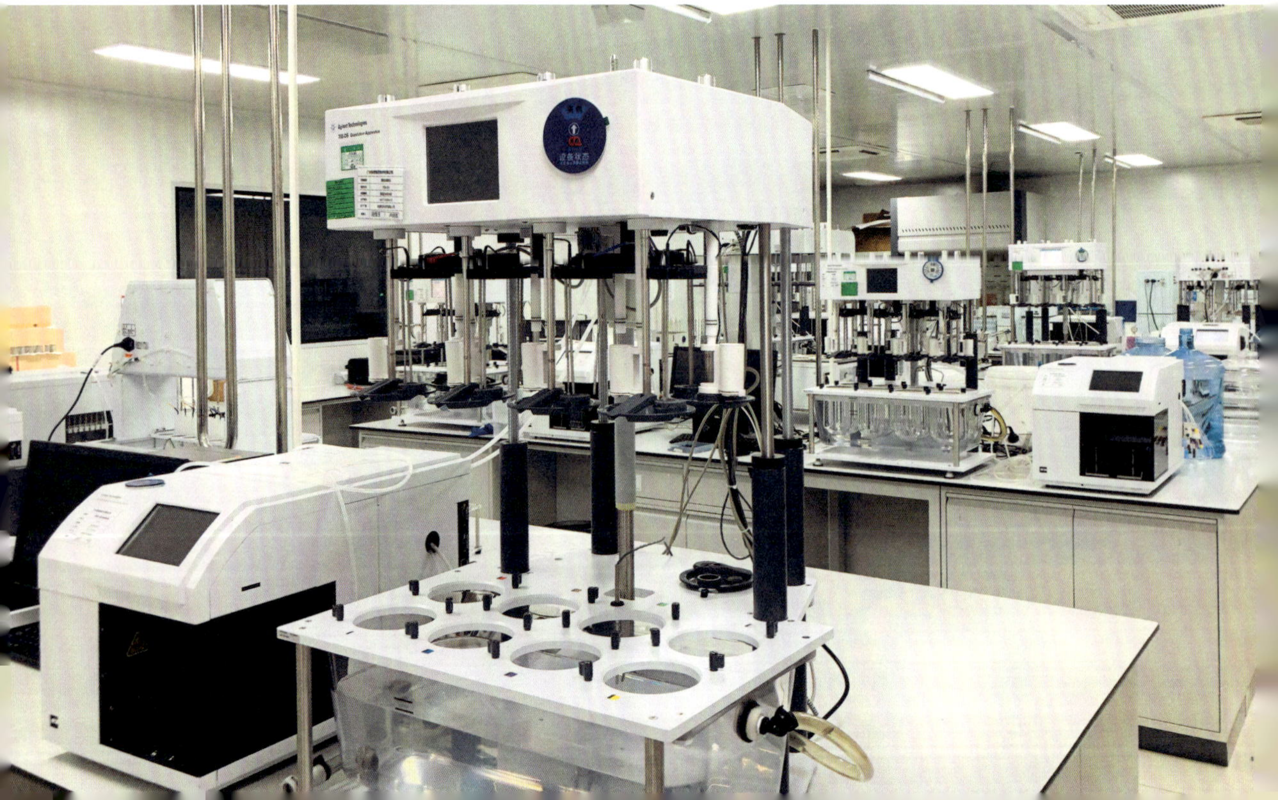

目前，帝奇医药先后申请了中国发明专利59项，其中已获得国家知识产权局授权23项；申请国际专利20项，获得欧洲国家专利授权18项、日本专利授权1项、韩国专利授权1项、美国专利授权1项；同时获得科技成果5项（包括艾塞那肽缓释微球注射剂、紫杉醇靶向纳米注射剂的开发、可生物降解药用辅料及控释制剂的开发和工程化、用于制备来那度胺缓释片的创新合成及处方工艺开发、普瑞巴林创新剂型处方工艺开发及质量标准研究），自主开发的3个创新药即将进入临床阶段，注射用利培酮微球已获得中国国家药品监督管理局（NMPA）和美国FDA临床批准。

刘锋领导和参与多个已上市和在研的一类、二类新药和仿制药的处方工艺开发和产业化，涉及的剂型包括口服常释制剂、注射剂、口服缓控释制剂、胶束制剂、靶向纳米制剂、微球制剂、植入剂和凝胶剂等。

破解医药产业短板，政府提供精准扶持

帝奇医药是广州开发区国际生物岛重点引进企业，承担了多个广东省、广州市及广州开发区政府立项项目，共获得政府资金支持2000余万人民币。

这些项目包括广东省产学研合作项目、广东省前沿与关键技术创新专项科技型中小企业技术创新项目、科技型中小企业技术创新资金项目、广州开发区科技领军人才项目、2017年广东省科技发展专项资金项目、2018年广州市对外科技合作计划项目、2019年广州市产业领军人才重点项目等。

药学研究服务机构给医药企业的选择余地小，好的药学研究服务机构更少，而且药物开发耗时长、投入成本高，一般性的研发机构的研究质量又无法得到充分的保障，这些都是广州本土生物医药企业在创新药研发时面临的问题。

时间回到2011年，刘锋与几位合伙人一起在广州黄埔区创立帝奇医药。帝奇医药创立之初，刘锋在校友的帮助支持下，得到了一百平方米的办公场地。但由于公司太小又缺少设备，很多客户对帝奇医药并不信任。

于是，帝奇医药采购了基本设备，同时将自己生产的产品送到法尔麦兰和广东省药检所检测，有了第三方检测结果，公司在与客户的沟通中增加了说服

力，获得客户的认可，得到了第一份订单。刘锋说："这份企业之间的信任，离不开黄埔区成熟的营商环境和真心为企业服务的心。"在传统的给钱给地之外，广州市黄埔区、广州开发区有完善的整体布局：基础研究、技术研发、临床试验、中试、量产，整条产业链都在为本地的生物医药企业服务。尤其是帮创新药研发链条中的企业解决痛点问题，进而补齐本地产业短板。

目前广州已经沿着这条道路大步前进：为了解决企业进出口生物医药科研材料耗时久、手续烦琐的痛点问题，在广州国际生物岛上设立了华南生物材料出入境公共服务平台；为了帮企业解决知识产权保护难的痛点问题，建立了广州生物医药知识产权保护与交易服务中心；为了给企业的创新药提供做动物试验的场所，还成立了广东省生物资源应用研究所药物非临床评价研究中心。

已有的短板正在一个个补齐，新的短板也正在被不断发现并逐步进入广州各级政府部门的视野。这样的良性发展趋势令人对广州生物医药行业产值更进一步抱有更大的信心和期待。

在提供技术服务过程中，帝奇医药带动了上下游产业发展，促进企业投入资金、技术和时间进行生产工艺和辅料、包材的综合研究，采购设备、攻关质量、改进工艺和提升技术，全面提升高端制剂水平，提高原辅料、包材及仿制药质量。帝奇医药根据项目进展引进和培养专业研发技术人员，完善研发设施，建设研发实验室、中试车间，配套研发仪器设备，研发仪器设备投入从 2017 年初的 800 余万元，现已增加到 1800 余万元。帝奇医药 2017 年总资产为 6324.57 万元，研发投入达 2138.89 万元；2018 年总资产为 8426.61 万元，研发投入达 2327.01 万元；2019 年总资产为 9240.65 万元，研发投入达 2613.44 万元。

帝奇医药开展的一致性评价工作是国内仿制药一致性评价工作的重要组成部分，累积服务 40 多家医药企业和校企机构，走在国家政策鼓励支持下行业工作的前列，目前所获得的多个仿制药产业化成果在全国一致性评价工作浪潮中起到带动作用，技术开发能力得到了业内企业的高度认可，对行业发展的影响力不断扩大。

开发制造更多百姓用得起的好药

尽管中国是仿制药大国，但是在中国药品市场上，仍然经常出现药品短缺的情况。

一些仿制药，由于仿制困难、利润较低、目标患者群体小等因素，基本没有药企愿意生产，这导致诸如格列卫这样的抗癌药物在专利权过期后，很少有药企愿意主动生产。即使有少数药企研发生产了仿制药，但药价较高，无法做到惠及普通患者，并且还存在药物效果差异的问题。

相反，却常常出现多家药企抢着生产同一种容易仿制、目标患者群体大的种药物的情况。

帝奇医药专注于处方药物、非处方药物和保健药物的处方工艺开发和产业化，以及药物（特别是专利过期药）的剂型改良，因此其药物具有高效、长效、低毒、可控、缓释、靶向等优点。

帝奇医药团队有着丰富的药政合规经验，熟悉美国、欧盟、世界卫生组织和国内的药品注册法规及技术指导原则，包括国际人用药品注册技术协调会和各国溶出度相关指导原则、杂质控制指导原则、临床试验包括人体生物等效性相关指导原则、工艺验证和分析方法验证指导原则，以及固体口服制剂和注射剂仿制药一致性评价相关法规等。

值得注意的是，帝奇医药已经立项开发产品70余种，其中，为广药集团白云山制药总厂开发的1种缓释片剂通过广东省药监局药品注册研制现场核查，获得国家总局临床申请批准；已有15个品种通过生物等效性试验；服务项目中获得仿制药一致性评价批件5个、国家药品监督管理局审评中心在审5个；还获美国食品药品监督管理局批准上市的仿制药批文1件。近几年，帝奇医药多次接受广东省药品监督管理局、客户的现场审计工作，良好的研发管理体系获得一致好评。

帝奇医药团队擅长固体制剂和注射剂等剂型的处方工艺开发，且具有丰富的技术转化和产业化经验；负责委托或合作客户的放大生产批次处方工艺的设计和实施，能同时保证中试批、验证批和动态核查批的顺利通过。

成立近10年以来，帝奇医药在国内提高医药产品质量，改善药物治疗效果，实现仿制药与原研产品质量一致、疗效一致，提高安全性等方面做出了令人瞩目的贡献，推动了国内医药行业，特别是广东医药行业，朝着更加规范的方向发展。

未来，帝奇医药会充满信心去迎接各种新的挑战，开发制造百姓用得起的高质、高效、长效、高依从性的好药，做中国高端制剂的领军企业。

文 / 陈淑文

获得的荣誉

- 广东省科技型中小企业（2020）
- 广东省联合培养研究生示范基地（2020）
- 广州市“两高四新”企业（2020）
- 第三届粤港澳大湾区生物科技创新企业50强—先锋企业（2020）
- 第二届粤港澳大湾区生物科技创新企业50强—先锋企业（2019）
- APPSF亚太制药高峰论坛“中印商务交流代表性企业”（2019）
- 广东省高新技术企业（2018）
- 2018年广东省创新型企业（试点）（2018）
- 2017年度纳税信用A级纳税人（2018）
- 广州市黄埔区、广州开发区2018年度瞪羚企业（2018）
- 2018粤港澳大湾区生物科技创新企业50强（2018）
- 广东省仿制药质量一致性评价工程技术研究中心（2017）
- 广州市黄埔区、广州开发区2017年度瞪羚企业（2017）
- 广州市黄埔区、广州开发区2016年度瞪羚企业（2017）
- 2017年度广州开发区最佳人才雇主（2017）
- 第五届中国创新创业大赛优秀企业（2016）
- 广东省第六批博士后创新实践基地（2016）
- 广州市黄埔区、广州开发区2015年度瞪羚企业（2016）
- 第三届中国创新创业大赛优秀企业（2014）

张健存

『黄埔有故事』讲述人

广州市恒诺康医药科技有限公司董事长

- 广州市黄埔区、广州开发区、广州高新区抗击疫情科研攻关突出贡献个人（2020）
- 广州市黄埔区、广州开发区杰出人才（2019）
- 广东省侨界海外留学归国人员协会专家顾问（2018）
- 国家特聘专家（2018）
- 海外高层次留学人才（2016）
- 广州市第三批创新创业领军人才（2013）
- 广州经济技术开发区、广州高新技术产业开发区、广州出口加工区、广州保税区科技领军人才（2011）
- 经济技术类外国专家（2007）
- 中国科学院广州生物医药与健康研究院研究员，正高级职称（三级）（2004）

- 公司建成后短短几年已经建立了有竞争力的药物研究开发团队和新药开发的系统，具有一流的创新能力，建立了具有世界竞争力的抗病毒、抗纤维化和中枢神经药物产品管线。
- 新冠肺炎疫情期间，中国科学院广州生物医药与健康研究院迅速组织了一支应急攻关团队，由张健存担任相关项目负责人，紧急启动和快速推动药物研发、疫苗开发、致病机理分析与治疗方案优化、细胞治疗及快速检测等多个方面的研究项目，在抗疫特效药研究方面取得了阶段性进展，为疫情防控做出了应有的贡献。2020 年，张健存入选广州市黄埔区、广州开发区、广州高新区抗击疫情科研攻关突出贡献个人。

恒诺康医药

对标世界一流医药公司，向流感宣战

硅谷的年轻科学家回国了

1999 年 10 月 1 日，20 世纪的最后一个国庆日，天安门广场举行庆祝中华人民共和国成立 50 周年的“世纪大阅兵”。观礼台上坐满了我国优秀的人才，其中，来自“1999 年硅谷留美博士企业家合作团”的 25 位年轻科学家并不引人注目。然而这些年轻人绝非泛泛之辈，他们分别在硅谷从事互联网、电子科技和生物医药等高科技行业，担任公司总裁、副总裁、高级工程师、资深科学家，都有相对成熟的技术项目和创业意向。

在国庆阅兵之后的几年内这些年轻科学家悉数回国，其中最年轻的是李彦宏和邓中翰：一个创立了中国最大的搜索引擎百度，一个成为中国工程院院士。在吉利德科学公司（以下简称“吉利德”）担任资深科学家的张健存也在后期回国，后来创办了对标吉利德的生物医药创新公司。

张健存的履历堪称亮眼。他 1984 年毕业于上海复旦大学后，随即考入中美化学研究生（CGP）项目，于 1985 年入美国匹兹堡大学攻读有机化学博士研究生，1990 年获得博士学位。1990—1992 年在杜克大学从事有机合成方法和天然产物合成的博士后工作。1992 年早期加入吉利德公司，吉利德是全球领先的抗病毒创新药领域企业，是替诺福韦、索非布韦、达菲（奥司他韦）、瑞德西韦等重大抗病毒药物的研发公司。张健存在吉利德从事抗病毒、抗癌药物和反义核酸药物的研究开发及管理工作，成为第一批在硅谷工作的留学生之一。在吉利德期间，张健存曾参与现在市场上几个国际重磅抗病毒小分子药物的研发工作，并与后来一同创业的何公欣结下了一段不解之缘。

祖国日益强大，特别需要张健存这样的高新技术领域人才回国引领行业创新。张健存感受到祖国的需要和召唤，1999 年国庆阅兵后便着手准备回国发展事宜。

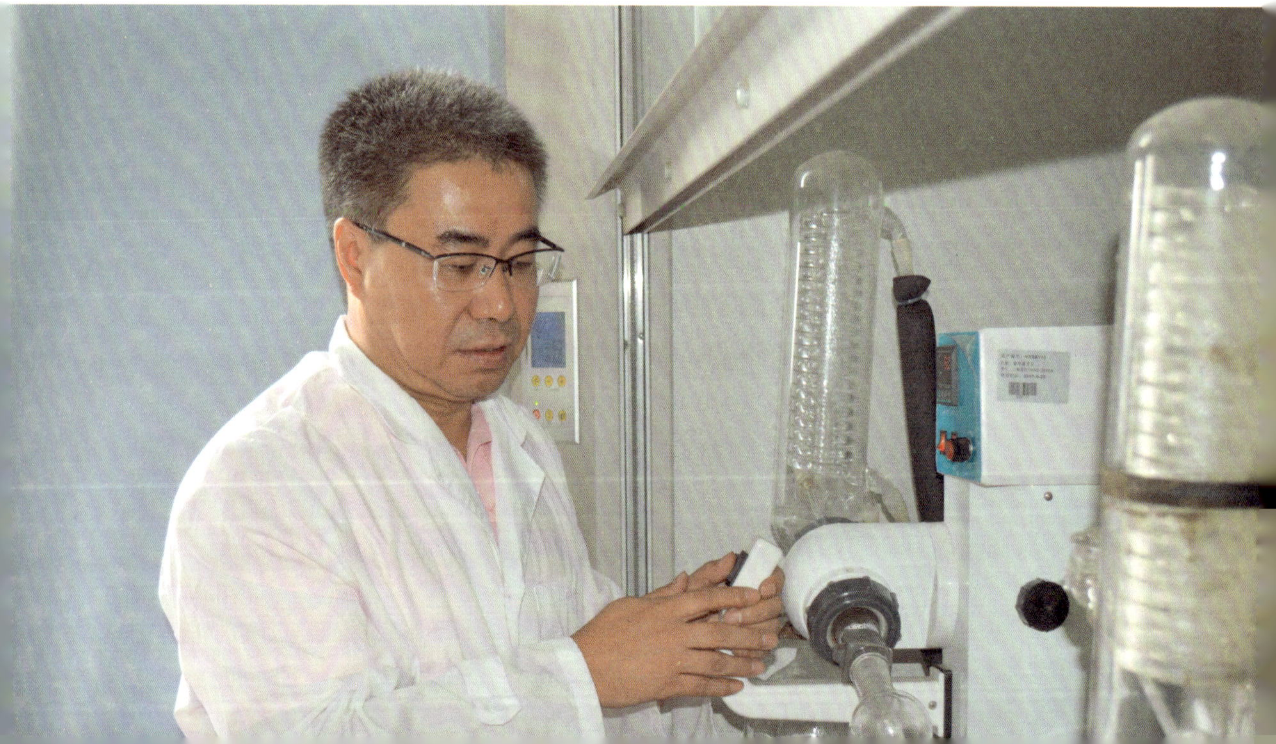

21世纪初，中国拥有超过7000家制药企业，制剂生产能力居全球第一位，原料药生产能力居全球第二位，但产业“大而不强”，核心原因在于长期依靠低水平价格竞争，通过粗暴带金销售取代创新研发；此外，众多新药研发机构，包括科研院所、高等院校，产业转化资源基本集中于仿制药。

2001年底，几近不惑之年的张健存选择归国，希望能够在药物研发领域发挥自己的专长，做出满足中国患者临床需求的创新药。不过，回到国内后他发现，虽然国内有对创新药物的需求，但仍缺乏创新药物的研发环境。

回国后张健存担任深圳清华源兴首席科学官并兼任上海交通大学生物有机和药物化学教授，负责了多个三类仿制药品的研究、开发和申报工作。并与明尼苏达矿业及机器制造公司（3M公司）合作开发了纳米银在织物领域应用的先进技术，以及系列高端创伤护理可基于纳米银的创新产品。该系列创新产品获得欧美多个国家医疗器械领域(510K)的多个产品注册认证，并成功在多国上市销售。

屡次向流感病毒宣战

张健存加入吉利德的时候，吉利德还是一家初创的小公司，除进行核苷类抗病毒药物研究外，还进行流感病毒神经氨酸酶抑制剂的抗流感病毒药物研究，并研发了抗流感病毒药物达菲。达菲被授权给罗氏集团完成后续的开发和上市销售。虽然吉利德没有完成达菲开发的全过程，但引发了张健存对流感新药开发持久的兴趣。

张健存回国后持续关注流感新药的开发。当时资讯不够发达，国内人民对流感和普通感冒没有正确的认知，导致了很多病情的延误和恶化。

在2005—2006年流感病毒暴发期间，张健存积极响应国家需求，在短时间内完成了抗流感病毒药物达菲的产业化工艺并转给广州医药集团有限公司。

随着资讯的逐渐发达，更多中国人意识到流感不是普通感冒，而人类对流感的治疗手段仍然有限。已为人所熟知的抗流感病毒药物达菲，耐药发生率越来越高，只对部分患者有效，而无效者只能在生命维持设备的运转声中苦苦等待病毒自限性的到来，特别是对于免疫力低下的重症病人耐药毒株将直接威胁到生命。

究竟是病毒还是人会赢下这场战役，难以预料。

“达菲治疗无效的重症患者亟需新的药物，他们可能感染了对达菲耐药的病毒毒株。”张健存一直在关注达菲耐药情况的统计分析，认识到像大多数抗感染药物一样，达菲耐药现象一定会出现。于是，张健存决定向流感病毒下一次战书。2013 年张健存召集多名具有丰富医药产业经验的归国博士创办广州市恒诺康医药科技有限公司（以下简称“恒诺康医药”），首先做广谱抗流感病毒新药研发。

医药天团高起点创业

张健存决定创业时，与张健存同一年加入吉利德，并为吉利德服务了半生的何公欣也积极加入，成为恒诺康医药的共同创始人。

张礼军要比他们晚三年加入吉利德，他直接参与了达菲合成工艺的开发，这个工艺路线设计在后来的大规模生产中也基本没有改变，为达菲的快速上市奠定了基础。他在 2017 年辞去吉利德的工作，正式加入了恒诺康医药。

除此之外恒诺康医药还有两位创始人，其中顾自强是化学成分生产和控制领域的专家，曾在美国食品药品监督管理局工作。而张袁超曾先后在辉瑞公司和美国食品药品监督管理局工作，他是药理学背景，也参与过多个美国食品药品监督管理局的药品注册审评。

如此高起点的企业天团，一出手就不走寻常路。恒诺康医药研发产品竞争力标准定位于世界领先，恒诺康医药的愿景是成为一家世界领先的创新型生物医药企业，着重于具有结构专利的创新药物研发，为人类健康提供更好的解决方案。

恒诺康医药专注研发的创新药物包括新型抗病毒药物、器官纤维化领域药物以及中枢神经药物，公司策略是“创新立足中国，市场面向世界”。

恒诺康医药成立以后，并没有马上开始产品研发，而是花了一年时间在广

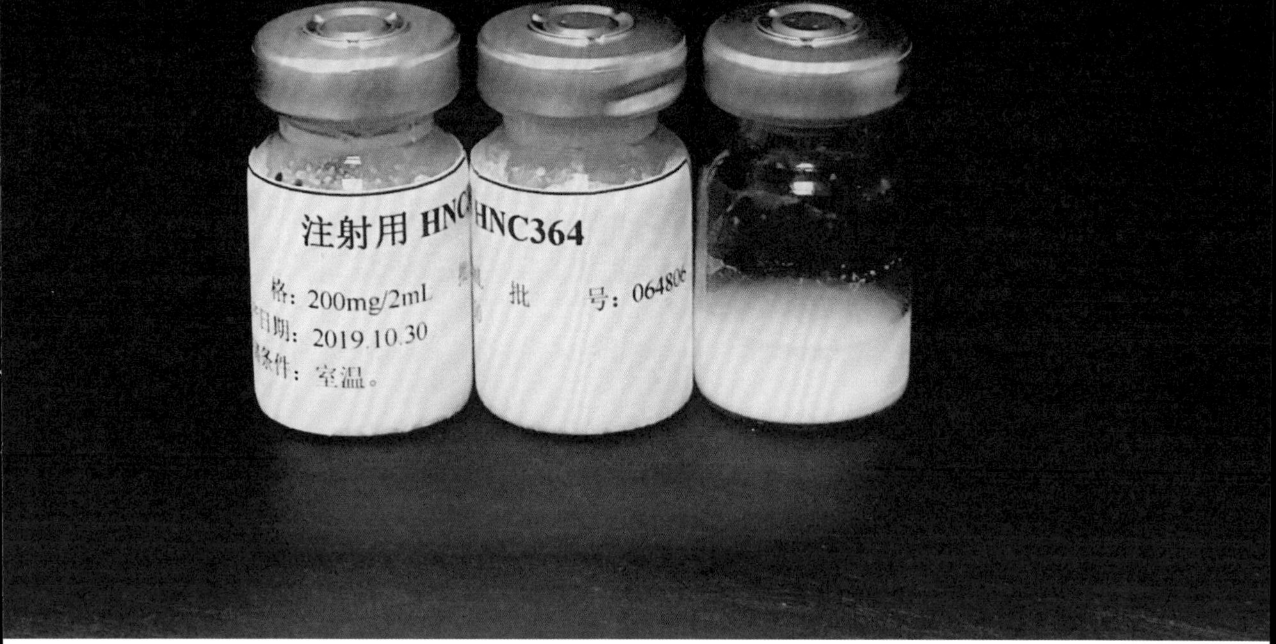

州科学城建造了一个完整的新药研发实验室。这个实验室占了一层楼的大部分空间，2013 年开始建设，2014 年才正式完工，能够完成药分、药化、药剂、药代、药理等各种实验。

张健存认为，恒诺康医药的创始人多是化学家出身，最擅长的领域即是合成具有高成药性的化合物分子，而药物分子结构专利在各类药品专利中处于核心地位，所以恒诺康医药一定要抓住和利用好自己的优势，但前提就是要有自己的实验室。

张健存力求实验室功能尽量完善，一些实验分析设备虽然造价昂贵，他还是想尽办法找来能满足需求的二手仪器，把功能补齐。

如今，每天都有近 50 名员工穿着白大褂在这里进行各类实验研究。

占领知识产权高地

恒诺康医药的战略是占领知识产权高地，建立企业核心竞争力。

恒诺康医药成立后短短几年，就已经建立了有竞争力的药物研究开发团队和新药开发的系统，具有一流的创新能力，并建立了具有世界竞争力的抗病毒、抗纤维化和中枢神经药物的产品管线。

恒诺康医药已申请新药相关发明专利 30 余项，其中 13 项已授权。在恒诺康医药研发的产品中，1 类抗流感病毒创新药 HNC042 已获得中、美临床批准，并在美国完成了Ⅰ期临床研究。治疗肺纤维化的 1 类创新药 HNC664 已经获得中、美临床批准，正在美国进行Ⅰ期临床研究，并获得国家新药创制重大专项支持。

恒诺康医药拥有 1 个广东省工程技术研究中心（广东省新药创制工程技术研究中心）以及多个专业技术平台，包括药物设计和合成技术平台、成药性评估技术平台、药物合成工艺优化技术平台、创新药质量控制技术平台、创新药物处方前研究技术平台、原料药 CGMP-like 中试放大生产技术平台，以及前药研发技术平台。

前药研发技术，是指在原有药物的基础上进行结构修饰，可以克服原药在

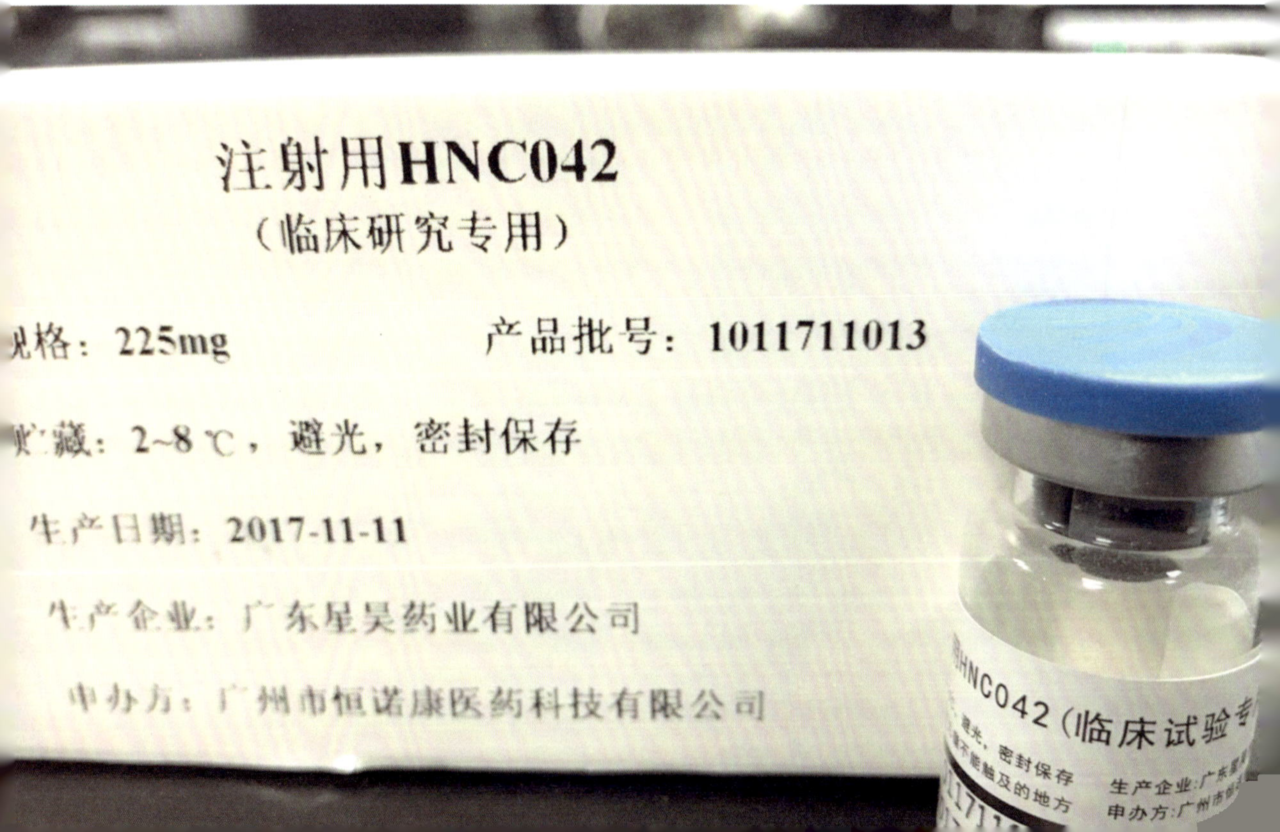

溶解性、稳定性或毒副作用等方面的缺点，属于改良型新药 505(b)(2) 研发技术。

恒诺康医药在中枢神经系统疾病及病毒性感染疾病治疗领域正开展多个前药项目的研发，是国内极具特色的专业技术平台。

向新冠病毒宣战

张健存是核苷类抗病毒药物领域的专家，在 2020 年新冠肺炎疫情暴发期间做出了突出贡献。

2020 年春节假期前几天张健存因身体不适去医院检查，医生建议他住院治疗，但因工作繁忙且新冠肺炎疫情日趋严重，他决定先回家静养。大年初一接到抗击新冠肺炎疫情紧急攻关的任务时，他立即放弃休息，坚持带病启动项目。

他说：“在危难时刻，能为国家和社会贡献个人微薄之力是一种义不容辞

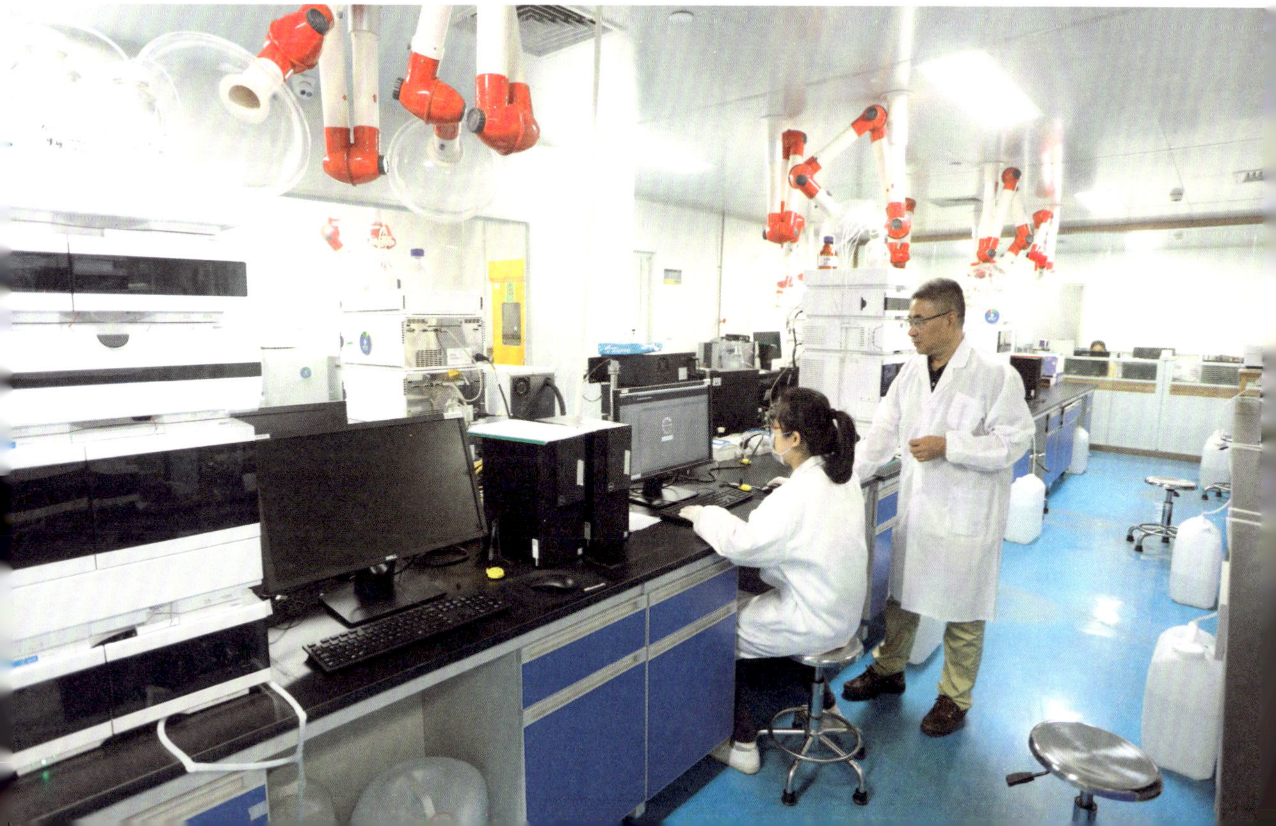

的责任。”

在他的带领下，团队通宵达旦，克服了春节假期和疫情控制导致的原料供货困难以及人手紧张等诸多困难，经过1个多月的日夜奋战，恒诺康医药出色地完成了抗新冠肺炎潜在特效药物的合成工艺及制剂开发，建立了原料药和制剂的稳定生产能力。

面对疫情，张健存表示，若有临床需要，恒诺康医药可考虑暂缓公司原有的在研项目，不计成本，全力组织生产，为早日控制疫情贡献个人和企业的绵薄之力。

新冠肺炎疫情期间，张健存担任相关项目负责人的广州健康院迅速组织了一支应急攻关团队，紧急启动和快速推动药物研发、疫苗开发、致病机理分析与治疗方案优化、细胞治疗及快速检测等多个方面的研究项目，在抗疫特效药研究方面取得了阶段性进展，为疫情防控做出了应有的贡献。张健存入选广州市黄埔区、广州开发区、广州高新区抗击疫情科研攻关突出贡献个人名单。

对标吉利德建立世界领先的医药公司

2020年的新冠肺炎疫情，使张健存更深刻地认识到了高感染性病毒的巨大危害性，以及疫情到来的突发性，他带领团队开始了针对突发性病毒感染的新药研发，力争早日获得安全高效广谱抗多种潜在突发性病毒新药。

在一次专业论坛上，张健存作了题为“创新药物中美双报以及恒诺康的实践”的演讲。他指出，目前国家政策层面鼓励药品冲出国门，中国生物医药企业正面临前所未有的机遇与挑战，这就要求企业的创新药必须是高质量的、能立足于全球的产品，而仿制药也必须符合国际标准。

他还分享了恒诺康医药抗流感病毒新药和治疗特发性肺纤维化药物的中美双报实践。据介绍，恒诺康医药目前有多个产品进行中美双报。

恒诺康医药第一个进入临床开发阶段的产品是广谱抗流感病毒药物HNC042，这是一种神经氨酸酶抑制剂，目前已获得国家药监局和美国食品药品监督管理局的临床研究批准，并已经在美国开展Ⅰ期临床试验，已与国内上市药企合作在国内开展Ⅱ期临床试验。

张健存对HNC042的治疗效果充满期待，但曾经在大公司的工作经历也让他更客观地看待临床前研究的结果：“获得临床研究数据以后，我们才能判断这个产品是否比原有治疗方法更有优势。”

张健存这样说不只是出于谨慎，也在于他的底气。“恒诺康医药与流感病毒对抗的武器不只HNC042一个，如果这个产品失败了，对于整个公司发展的影响有限，我们已经建立了非常有竞争性的基于新化合物实体的抗病毒药物、中枢神经药物以及纤维化药物产品管线。”张健存说，“针对每个项目，我们要求都要达到世界领先水平。现在的形势把创新药物的标准已经大大提高，创新研发产品必须能够与国际最尖端产品竞争才可以保证未来的市场。恒诺康医药都会利用公司在化合物合成方面的优势，有意识地多设计出几个备选分子，同时进行开发。”

恒诺康医药已经建成公司内部的化合物库，可以设计和合成新颖的分子结构。另外，恒诺康医药在器官纤维化以及帕金森领域已有其竞争力的产品，治疗帕金森的2.1类505(b)(2)新药已在中国和美国获得临床研究批准。

有所为有所不为

张健存心存硅谷情节，留恋硅谷的创新氛围。如今，他也下意识地培养公司的年轻员工，让他们将实验室当作创新沃土。

创新不代表什么都做。张健存提到最多的是专注和放弃。恒诺康医药在选择产品适应证时选择少数人关注的抗流感病毒药物，产品线中目前还有几个肺纤维化产品处于早期研发阶段。恒诺康医药还放弃了对公司短期利益的追求，不再保留公司成立早期时的核苷原料药项目。同时张健存希望在 HNC042 进入后期临床开发阶段时，能将公司的产品授权给外部公司。

专注的收获可能是巨大的，罗氏集团抗流感病毒药物玛巴洛沙韦获得了美国食品药品监督管理局的上市批准，打破了近二十年以来的流感新药荒，张礼军说："最早开发这个分子的是日本盐野义公司，他们对这个分子的研究已经超过了二十年，有时专注就是胜利。"

生物医药行业是一个环节多、周期长、技术门槛高，而且技术和产品不断创新的行业。张健存给我们打了个比方，如果说创新药竞争是运动会的话，恒诺康医药研发的创新药要参加的是奥运会，而不仅仅是全运会。

专注于最擅长的领域让恒诺康医药在创始之初就对公司的经营管理充满信心，公司的每一位创始成员都是公司的实际出资人，也是公司的天使投资人，前后投资近 1500 万。

其中，何公欣在资金方面投入最多。何公欣看好未来中国大健康产业的发展趋势，中国的大环境从不能做药到可以做药再到鼓励做药，健康产业已经成为最有前景的投资领域之一。

2019 年，恒诺康医药完成了公司的第一轮融资，深圳市创新投资集团（以下简称"深创投"）是唯一出资方。深创投的广东片区负责人曹旭光表示："深创投投资恒诺康医药有三个原因，首先是创始团队中多人来自吉利德公司，有丰富的新药开发经验；其次，恒诺康医药的产品当时即将进入临床，而国内研发抗流感病毒新药的公司还很少，这个领域的需求未被满足；第三，张健存团队自己也为公司的经营和产品研发投入了很多资金，说明他们对公司的发展充满信心。”

“虽然我们团队只有 60 人，但是我们的产品技术以及研发的产品都是以世界领先为目标的。我们所有的研发药物产品都是自主研发并拥有核心自主知识产权。”张健存决定继续小而精的战略，专注于占领自主知识产权高地。

与黄埔医药大军共同成长

生物医药是一个比较特殊的行业，最优的科研、商业环境以及配套才能助力中小型企业自主创新。

张健存表示：“对于新药研发产业来说，经验非常重要。我们的几个共同创始人在新药研发领域的不同环节积累了丰富的经验，正好碰到中国生物医药行业创新发展的一个好时机，于是在 2013 年决定共同创办恒诺康医药。”

“广州是我最后一份工作所在的地方。”他说，“这里吸引我们的是华南最优的科研条件、良好的商业氛围，以及科技、产业发展的环境。”

目前，对许多小公司来说面临的一个主要困难是公司难以招到合适的人才，“生物医药创新周期比较长，公司发展需要组合强大的、有经验的团队才能做好。”虽然黄埔区出台一系列的人才补贴政策，对企业招人用人有一定的帮助，不过张健存也坦言，人才政策的面还应该更广泛一些，如对中小企业关键的中层科技人员提供一定的支持。

中小型企业是最具创新活力和能力的实体，许多创新型的技术和产品都是来自中小型企业。张健存建议，政府要识别那些真正的创新型企业，要更多地了解企业的实际需求，给年轻人一些普惠性的政策补贴支持。“只有企业才更知道自己需要哪种人才，所以政府要与企业多沟通，有针对性帮助企业成长。”

他表示，目前广州正发力 IAB 产业（新一代信息技术、人工智能、生物医药产业），对于广州市黄埔区、广州开发区的生物医药企业来说是一个发展契机，黄埔区拥有华南地区最优的学术研究条件，以及科技、产业发展的环境配套，且广州市黄埔区、广州开发区出台了一系列的招商优惠政策，能够吸引创新的人才和企业集聚，但政府还应该更进一步打造适合创新企业发展的商业环境。

张健存认为，创新型医药公司的自身创新能力是最重要的核心竞争力，必须把创新药研发标准提升到能够与国际最尖端产品竞争的水平才可以保证未来市场。“通过不断发展壮大，恒诺康医药现在已经跨过了最艰难的阶段，围绕未被满足的临床需求，公司全面聚焦创新药研发，并且启动了生产基地建设，为将来临床试验药物生产和上市产品商业化生产夯实基础。”

未来，传统的以仿制药为基础的企业将面临巨大挑战，谁具有真正的创新能力和产品，谁就能活下去。将来，中国生物医药企业区域的赢家将是拥有高质量的生物医药创新型企业的区域。

文 / 朱卫卫

获得的荣誉

- 2019年度广东省新药创制工程技术研究中心（2020）
- 广州市抗击新冠肺炎疫情先进集体（2020）
- 2020粤港澳大湾区生物科技创新企业50强—先锋企业（2020）
- 广东省污染物排放许可证（2019）
- 实验动物使用许可证（2019）
- 2019粤港澳大湾区生物科技创新企业50强—先锋企业（2019）
- 2018粤港澳大湾区生物科技创新企业50强（2018）
- 知识产权管理体系认证（2018）
- 重点华侨华人创业团队（2017）
- 广东省高新技术企业（2017）
- 第六届中国创新创业大赛（广东·广州赛区）暨第二届羊城“科创杯”创新创业大赛生物医药行业成长组第七名（2017）
- 第六届中国创新创业大赛（广东赛区）暨第五届“珠江天使杯”科技创新创业大赛成长组生物医药行业优胜奖（2017）
- 2016年度创新领军团队（2017）
- 广州市科技创新小巨人企业（2015）

袁慧雅

『黄埔有故事』讲述人

广州申威新材料科技有限公司董事长

- 暨南大学材料与化学专业研究生实践指导教师（2021）
- 第四届“创赢太仓”全球创业大赛新材料专场三等奖获得者（2020）
- 南昌航空大学兼职硕士导师（2019）
- 广州市黄埔区、广州开发区优秀人才（2018）
- 第十二届韩国辐射固化年会专著“Surface Additives”学术委员会成员（2018）
- 第一届全国辐射固化（UV/EB）胶粘剂技术与应用研讨会专著“紫外光固化光学胶在电子产品中的应用”学术委员会成员（2018）
- 中国感光学会辐射固化专业委员会技术委员会委员（2018）
- 2016 年度广州开发区创业领军人才（2017）
- 广东省本科高校实验教学指导委员会委员（2015）
- 广东工业大学兼职硕士导师（2015）

- 申威科技成立于2013年，位于广州高新技术开发区，致力于新材料包括环境友好涂层材料，以及光学膜UV光固化涂料配方、材料、涂布工艺等的研发和应用。
- 研发团队由海归高分子材料博士后与国内专家组成，具有研发、升级、开拓新产品新技术的雄厚实力，并凭借强大的研发能力持续保持公司的行业领先优势。

申威科技

为“中国智造”撰写注脚

引进光学膜涂层材料填补国内一项空白

“不行走你永远不知道道路尽头的风景是多美丽，于是回国之后，我准备创业。”2012年的一天，袁慧雅登上了澳大利亚的一个小岛，她在一座不起眼的小山拾级而上，眼前是无尽乏味的灌木丛林，直到登上了山顶，一切都不一样了。袁慧雅说：“我没有想过，这么普通的山上能有那么令人震撼的景色，整个小岛一览无余。”

袁慧雅认为人生就像攀登一座座大山，充满了挑战，只有爬到山顶才会看到最美丽的风景。

袁慧雅2004年博士毕业后就职于世界最大的制造特种材料产品的化工企业——亨斯迈先进材料（瑞士）有限公司（以下简称“亨斯迈”）。

短短八年，她从一名职场菜鸟成长为全球研发经理和亚太区研发总监。

在亨斯迈工作期间，袁慧雅主持和参与了多个项目的研究工作，并成功在中国组建了亚太区研发总部，任全球研发经理和亚太区研发总监后，她带领研发团队开发新产品 43 个，累计实现销售收入 80 多亿美金。

2006—2013 年袁慧雅先后在瑞士、德国工作，在其领导下，亨斯迈加速了从瑞士和德国向东欧和亚洲的技术转移工作，在东南亚建立了研发团队，在跨国合作和管理上积累了丰富的实践经验。在亨斯迈工作期间，袁慧雅获得了包括创新管理（合作创新、过程创新、运营创新和研发管理）、风险管理和项目管理的资质认证。

“当时我对这份工作得心应手，甚至可以自信地说，让另一个人坐上我的位置，也不会比我做得更好。”然而在这种状态下，袁慧雅开始思考，“难道我就这样在可以预见的未来下生活吗？”

因为不愿过可预见的未来生活，袁慧雅放弃高薪职业，决定回国创业。

2013 年袁慧雅和同在亨斯迈担任高管的同事王锐涛及其在暨南大学担任副教授的好朋友王小莺组建团队，共同创办了广州申威新材料科技有限公司

（以下简称“申威科技”），袁慧雅担任董事长。因 2011 年至今一直担任中国辐射固化协会理事，在 UV（紫外线）功能材料的分子设计、制备工艺和产业化等方面积累了丰富的经验，故袁慧雅主要负责企业研发项目的技术指导、应用推广和市场销售。

袁慧雅说：“我选择了以 UV 功能材料为研发基点，我从读书到工作，一直有研究它，其次 UV 固化高分子材料是值得关注的新型材料。”

UV 固化技术也称紫外线固化技术，具有无惰性溶剂挥发、固化时间短、可低温固化等传统固化技术不可比拟的优点，被称为新一代绿色工艺，已广泛应用在涂料、油墨、黏合剂、印刷板材、电子工业、微细加工和快速成型等许多领域。

在袁慧雅的带领下，申威科技以填补国内光学膜涂层材料的空白，打破国外企业的技术封锁和垄断，推动国产光学膜高质高端化发展为战略目标，致力于光学薄膜功能改性材料的开发，成功突破了合成光学薄膜用 UV 功能材料的关键技术和工艺，并在 UV 功能材料的分子设计、制备工艺和产业化等方面积累了丰富的经验。

申威科技秉承“为客户增值体现自己的价值”的理念，以专业的产品研发，对产品、工艺、设备的精准产品设计和一体化的解决方案服务于客户。

“在我们公司成立之前，膜材的功能涂层领域没有中国企业，主要由日本、韩国、美国供货，可以说是被他们垄断了。”袁慧雅说。

目前申威科技已研究和生产出国内具有自主知识产权的光学膜配套能量涂层材料，其在性能上达到甚至超过国外企业同类产品水平，价格上也更具优势，公司已经沿着发展战略目标迈进了很大的一步。

从黄埔启航一步一个脚印一点点升级

在确定好创业公司的产品之后，袁慧雅观察了许多地方，最后确定选择黄埔区。“黄埔区创业环境优异，对人才的吸引力也大，有了人才，一个企业什么不能干呢？”袁慧雅说。

“这里有廉洁高效的政务环境，这里的职能部门沟通协调很给力。”袁慧雅指出，“在创业环境上，黄埔区审批速度、反馈速度快，政务环境好。对创业人才很友善，我甚至加了许多公务员的微信，平时创业上遇到什么困惑、瓶颈，通过微信就能得到指点或者解决。”

作为广东首个营商环境改革创新实验区，广州市黄埔区、广州开发区对照世界银行和国家营商环境评价体系，正打造全国最优、国际一流的营商环境新高地，让“不可能成为可能”，提供可复制、可推广的鲜活“广东经验”。

2018 年 6 月获批首个“广东省营商环境改革创新实验区”以来，广州开发区全面落实《优化营商环境条例》和实验区建设方案部署要求，对标对表国内外最高最好最优，在若干重点领域和关键环节精准发力，取得实质性突破，获评“2019 年全国经开区营商环境指数”第一、“2019 年度中国营商环境十佳经济开发区”第一、“2019 年度中国营商环境改革创新最佳示范区”，作为广东省唯一代表入围“2019 中国改革年度案例”，荣获联合国“2019 年度全球杰出投资促进机构大奖”。

良好的营商环境是城市经济软实力的重要体现，也是提高城市综合竞争力的重要方面。近年来，广州把优化营商环境作为全面深化改革的重要抓手，不断出台新举措，扩大便民服务事项，持续激发市场活力。尤其是营商环境比较优越的黄埔区，不仅简化办事流程、缩短办事时间、提高办事效率，加大信息数据的整合力度，让群众少跑路甚至不跑路，还出台了 40 项工作举措，通过自身改革，不断提升服务质量，最大限度为市民“解绊”、为企业“松绑”，这些正是应时之举，也吸引企业的进驻。

以中新广州知识城为例，目前中新广州知识城是中新两国国家级合作项目，拥有 8 大支柱产业集群、数十所国际顶尖科研机构和 1524 家企业，累计注册资本约 1334 亿元，在建重大项目 79 个，吸引了阿里巴巴大数据中心、中国移动华南研发基地、GE 生物科技园、西门子等全球 500 强企业，正以知识经济为创新模式，汇聚高端产业与人才，打造成为一座经济、人文与生态高度和谐及可持续发展的宜居之城。

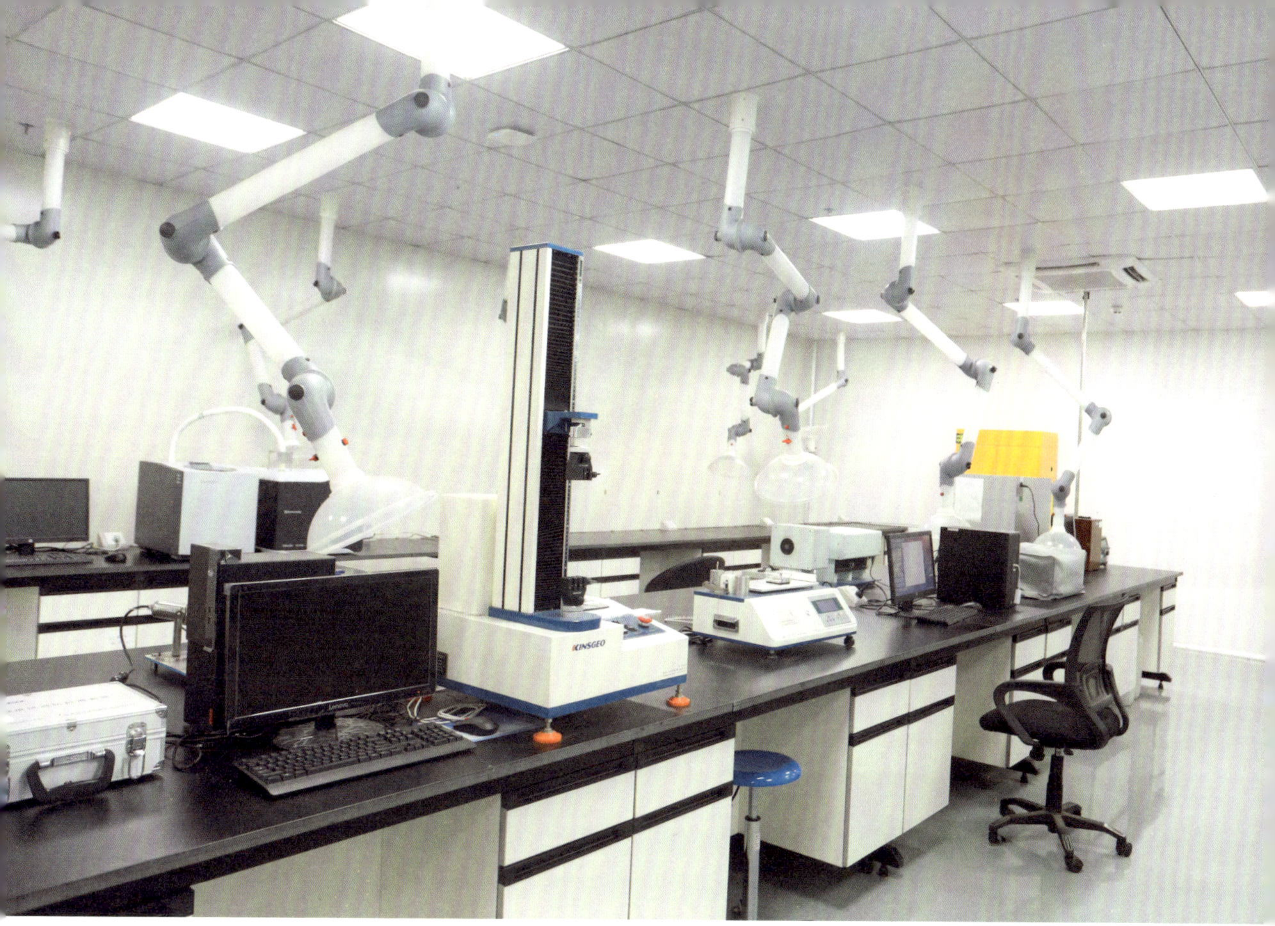

广州市黄埔区、广州开发区相关职能部门的配合和沟通机制也非常好，相关职能部门主动分析企业诉求和产出，将不同企业可能匹配的诉求和产出嫁接，既满足企业需求，又能改善区内营商环境。“比如我们公司就和同在黄埔区内的 TCL、欧菲技术合作得很好，这和职能部门嫁接协调不无关系。”袁慧雅说。

创业之路向来不简单，扎根在黄埔后，黄埔优越的营商环境为公司提供暖心动力。袁慧雅及其团队研发了许多有创新功能的高分子材料应用膜材，广泛应用在手机、车膜、窗膜、装饰包等上面。

如今，成立 8 年的申威科技已经在膜材 UV 涂层的细分领域占国产涂料市场榜额第一，成功打破日韩美的垄断。

袁慧雅说：“一开始的突破是困难的，但客户渐渐看到了我们的优点。”袁慧雅指出，相比于外国供应商，本土企业具有生产周期短、供货有保障、满足定制需求的优点。“比如国人有希望手机膜不留指纹、减少近视可能性的需求，当你把这些需求告诉国外的研发人员，他们是不理解的，他们惯于做标准化产品，反应速度慢。”袁慧雅举例说，“而我们可以为客户量身定制，生产抗污、防蓝光材料。‘8020 法则’是我们公司的运营理念，其中‘80’就是市场驱动创意。”

相比于大型企业而言，中小企业的发展，更依赖于营商环境，工商、税务、法律、人力、财务、政策、融资、市场、产品、专利、内部管理、行政审批……任何一个方面的环境及政策的变化，都会对中小企业产生深远的影响。

在广州市黄埔区、广州开发区的各种政策支持下，目前，申威科技拥有国家知识产权认定专利权 7 项、软件著作权 3 项、科技技术成果认定 1 项。申威科技从黄埔启航一步一个脚印一点点升级。

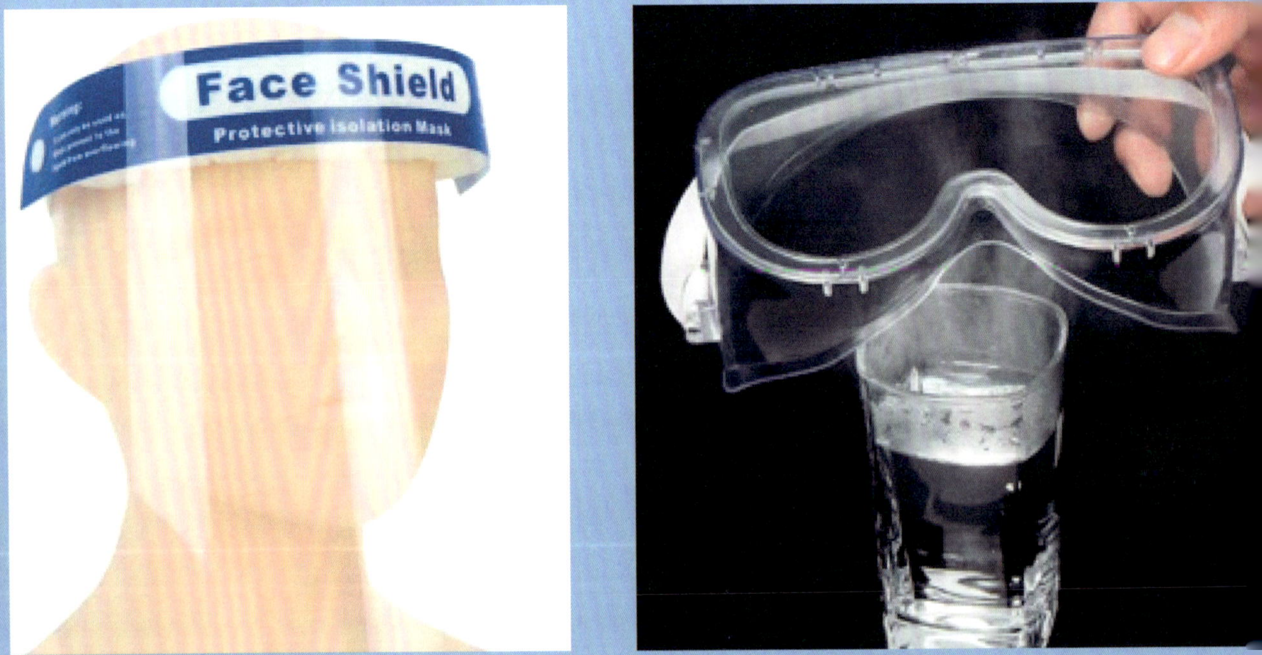

防雾涂料产品应用

黑科技解决护目镜起雾影响抗疫工作问题

黑科技就是厉害到令人想象不到的技术。就现阶段的科技发展状况来说，从概念上来看，人工智能、全息投影、AR 技术、折叠屏、纳米技术等，都算得上是黑科技。

而申威科技就拥有一项黑科技——防雾涂料 SWAFR-1。

据悉，新型冠状病毒的直径是 60~140 纳米，目前以飞沫传播和接触感染为主，这两种传播途径与大家熟知的红眼病的传播方式是极为相似的，红眼病是由腺病毒感染引起的，腺病毒直径为 70~90 纳米。

由于高风险暴露的相关医务人员在对新型冠状病毒肺炎的疑似和确诊病人进行护理的过程中病人极有可能产生气溶胶或口鼻分泌物飞溅，因此除了防护服（防止接触传播）、口罩和手套外，护目镜必不可少。

在疫情期间，央视新闻里护士小姐姐一身“铠甲”，奋战一线，在接受采访时强忍着在眼圈里打转的泪水说：“我哭的话护目镜就花了，就干不了事情了。”

医护人员必须佩戴护目镜，若护目镜上有雾气会使平日里最简单的扎针输液变得十分困难。

“除了感谢，其他的言辞不足以表达对医护人员的致敬。作为科技公司，我们有自己的责任和担当，家国有难，匹夫有责，申威人总想着能为疫情做点什么。”袁慧雅说。

疫情期间袁慧雅及其研发团队，本着为奋战在一线的医护人员尽点绵薄之力的想法，加快研发防雾涂料的性能突破。

终于，群策群力之下，申威科技研发出应用在护目镜的防雾膜新型涂料 SWAFR-1。该防雾膜应用在护目镜上，效果非常棒，性能达到国际领先水平，解决了疫情期间相关材料的进口及成本问题。

申威科技最初的设想主要是做单面防雾，防雾的一面，呼吸或者冷热快速切换的环境下，依然能够保持清澈透亮，应用在护目镜内层能够防止呼吸或冷热快速切换环境下产生雾气阻挡视线，支持戴护目镜情况下正常工作。未做防雾处理的一面，在同样情况下，就会出现雾，应用在护目镜表层能够快速鉴别是否有气溶胶或口鼻分泌物“来袭”，以便及时做消毒处理。

防雾装置解决了护目镜因室内温度变化和使用者自身呼吸而产生雾气阻碍医护人员视线的问题，实现了及时对护目镜镜片全面覆盖地释放热气使雾气消散，便于防雾装置可以更加轻松地进行拆卸与安装，增加了整套装置的实用性，使医护人员在工作过程中不用自己清洁护目镜，提高了使用舒适性和工作的效率。

护目镜是广大一线医务人员的必备防护物资，保护医务人员免受飞唾溅沫进而感染。申威科技的防雾膜能够给医务人员带来更好的用户体验，也能更有

效地鉴别气溶胶或口鼻分泌物“来袭”。

目前，该防雾膜已经投入实际应用中，为一线人员略尽绵薄之力。

以创新定义和核心实力展示“中国智造”

申威科技拥有来自美国北卡罗来纳州立大学、上海有机化学研究所、中山大学等的技术专家，与国际知名公司有技术合作。“因为专业，所以领先”持续创新是申威科技一直坚持的企业发展道路。

从事光学膜领域的功能涂层的开发工作的同时，袁慧雅对教育事业也是不遗余力。她是多家高校的导师及指导委员（广东省本科高校实验教学指导委员会委员、暨南大学兼职硕士导师、广东工业大学兼职硕士导师、南昌航空大学兼职硕士导师），为 UV 光固化领域输出更多新力军，在功能涂层研发领域及其上下游产业都享有较高的声誉。

由黏接资讯、新材料产业联盟、深圳国际薄膜与胶带展联合主办的“2020（第二届）中国新兴用胶市场技术创新与发展论坛暨 2020（第三届）中国消费电子胶粘材料技术与应用创新论坛”于 2020 年 11 月 19—20 日在深圳召开。袁慧雅被主办方邀请以“辐射固化技术在 5G 通信产业中的应用和挑战”为主题做相关授课内容报告。会上，她为与会嘉宾带来了一场丰盛的精神大餐。

除了在专业领域的交流学习外，申威科技还将科普知识带进学校，让祖国花朵与科技体验“零距离”。每一年的金秋时节，广州市黄埔区科学技术协会都会汇集区优质科普企业走进校园，申威科技已经连续三年被邀请参加活动。2020 年 11 月 23 日，2020 广州市黄埔区、广州开发区全国科普日系列活动之科普进校园第四场，也是最盛大的主场活动，在科峻小学拉开帷幕，为这个金秋的科普盛宴添上了最浓墨重彩的一笔。作为 35 家相关科普单位之一的申威科技，带来的是可重复擦写的白板膜，在场的学生们都被可重复擦写的白板膜给吸引了。少年强则中国强，少年儿童是祖国的未来，是中华民族的希望。申威科技也希望通过公益活动给学生们普及科技创新知识，在孩子们心中种下“科技梦”的种子。为了表彰企业和同学们为科普事业做出的贡献，广州市黄埔区科学技术协会现场还对2020黄埔区（广州开发区）的19家科普工作先进单位和33位进入“科创新星”总决赛的“科创小先锋”进行颁奖，激励大家在科学的道路上发挥榜样力量，引领先锋模范，坚定前行，再创辉煌。

“我们下一步的计划是走向世界，成为国际膜材涂层供应商第一。”袁慧雅自信地说，“从中国制造到中国智造，我只希望一步一个脚印，踏实走好每一步，公司的一小步，是国家的一大步。”

文 / 陈淑文

获得的荣誉

- 广州市科技活动周热心青少年教育公益活动单位（2021）
- “三个一批”两高四新（专精特新）企业（2020）
- 黄埔区（广州开发区）科普工作先进单位（2020）
- 广东省高新技术产品（防指纹抗静电功能性薄膜UV固化涂料）（2019）
- 广东省高新技术产品（双组分固化UV减粘胶）（2019）
- 广东省高新技术企业（2019）
- 纳税信用A级企业（2016—2019）
- 广州市黄埔区、广州开发区2019年度瞪羚培育企业（2019）
- 第七届中国创新创业大赛优秀企业（成长组）（2018）
- 第七届中国创新创业大赛（广东赛区）暨第六届“珠江天使杯”科技创新创业大赛成长企业组新材料行业优胜奖（2018）
- 第七届中国创新创业大赛（广东·广州赛区）暨第三届羊城“科创杯”创新创业大赛新材料行业成长组第一名（2018）
- 第六届中国创新创业大赛（广东赛区）暨第五届“珠江天使杯”科技创新创业大赛成长组新材料行业优胜奖（2017）
- 广州市科技创新小巨人企业（2015）
- 广州市科学技术成果（用于光学薄膜的超高耐磨加硬涂层材料）（2015）

蒋卫中

『黄埔有故事』讲述人

广州希森美克新材料科技股份有限公司总经理

- 广州市黄埔区、广州开发区优秀人才（2019）
- 2017 年度广州开发区创业领军人才（2017）

- 希森美克是一家以市场需求为导向的创新型纳米新材料高新技术企业，自2014年3月成立以来，一直致力于不同基材表面的超疏水超疏油、超亲水超亲油、超亲水超疏油、超疏水超亲油、功能性纳米涂层技术处理，以及提供定制化解决方案，现已快速发展成为新材料行业具有权威开发、生产多功能纳米涂层的高科技创新型企业。
- 截至2020年12月，希森美克开发出了7个系列300多款产品，初步完成了纳米新材料领域的技术积累，成为目前国内最专业的多功能纳米涂层、纳米清洁剂专业生产商。

希森美克

清洁传奇，纳米铸就

敢想敢做，机遇属于攀登者

你能想象吗？通过使用一种特殊的涂层材料，抽油烟机、灶具、汽车就像穿上了特殊的隐形衣一样，每当灶具上留下油渍、污渍，只要用抹布轻轻一抹就可以干净一新；高楼大厦的透明玻璃不需要"蜘蛛人"清洁，一场大雨就可以让灰尘和污垢无处藏身……这些日常生活中让人大为苦恼的清洁问题在广州希森美克新材料科技股份有限公司（以下简称"希森美克"）研发的黑科技产品面前统统都不再是问题。希森美克不仅能解决材料在众多使用场景中轻松消除脏、乱、油、污等现象的问题，还能解决长效性这一国内外其他企业长期以来都无法解决的问题。

纳米涂层技术在20世纪才被科学界发现，这一技术借鉴荷叶表面纳米化结构、超疏水自清洁的物理现象和特性，颠覆了传统的清洁防护材料，通过独特的微纳结构锁住空气，将污垢与基材表面隔离，从而达到易清洁和抗污的效果。

纳米技术作为21世纪经济发展的三大支柱之一，拥有巨大的发展潜力，已经向航空、医疗、新材料、微电子、能源等诸多领域渗透。尽管希森美克的创始人蒋卫中在硕士阶段师从中国最早研究纳米二氧化钛催化应用的著名专家、曾在美国能源部从事研究工作的李玉光，但由于纳米材料在21世纪初的中国过于超前，毕业之后的他很难找到一份相关的工作。为此，他甚至上街擦过皮鞋，卖过报纸、鲜花和水果。凭借自信和对前途的向往，蒋卫中后来在一家上市公司从事纳米技术在电解液领域的应用研究，还在香港赛特集团担任过副总裁，将纳米技术应用到了纺织印染、化工涂料等其他领域。一次国外的走访让蒋卫中进一步了解到国外纳米材料的先进性和专业性，怀着

“敢想敢做就一定有机会”的想法，蒋卫中毅然走上了创业的道路。

蒋卫中开始的道路走得并不平顺，由于客户跑路，第一次做天使投资人的他赔光了投资的180万。蒋卫中痛定思痛，一有机会就去尝试，同时不断思考和调整创业的方向，2006年至2013年间，蒋卫中进入医疗行业及化工涂料行业，建立了一套快速引进国外技术的开发平台。

转折发生在2013年。蒋卫中在2013上海新材料展上看到上游原材供应商的技术相对成熟，深刻意识到伴随着中国“90后”的成长和消费升级，易清洁的涂层将会变成刚需，纳米涂层也会在各行业得到大规模运用。意识到这一趋势后，蒋卫中将自己当时的公司打折变卖了几十万，以此为启动资金成立了纳米材料公司——希森美克。

从厨房电器切入，希森美克出品了一系列家用的纳米涂层，仅仅一年时间，上市公司华帝股份有限公司就找到希森美克，与当时只有五六个人组成团队的希森美克签订了为期两年的独家合作协议。希森美克生产的样品也被清华大学纳米材料中心认定为在国内领先3~5年。

现在，美的、华帝、海尔、格兰仕、格力、欧派、九牧、万家乐等国内一线品牌都纷纷与希森美克建立了合作关系，从抽油烟机到电饭锅、冰箱等家电以及淋浴室等装修都用到了纳米易清洁涂层。

除此之外，交通运输、军工、通信、电力、建筑、医疗、化妆、食品等领域也都已经有了希森美克产品的身影。当潜艇雷达不再结冰、潜艇表面不再长海洋微生物，潜艇的水下速度就能提高8%~10%；当高铁的车头车身在高速行驶中更耐磨、耐腐蚀、易清洁，清洁工人也更省心省力；当手机屏不再留下指纹汗渍、液体储存罐不再有残留物，这样的世界难道不是变得更加美好舒心了吗？

核心技术领路，为客户精诚服务

做技术出身的蒋卫中有着强烈的科技报国情怀，在他看来，中国想变成强国，就应该有更多做技术出身的人来做企业，通过企业研发核心技术真正解决中国科技短板或被“卡脖子”的问题。在他的带领下，希森美克一直坚持对核心技术的重视、投入、研发和应用，增强了中国在纳米材料领域技术突破的实力与底气。

希森美克很早就将国外先进的多功能纳米涂层技术、行业应用经验引进国内，进行本土化的生产，同时不断钻研和突破重大关键技术。2014年，希森美克收购了英国SYSMEK GMBH AG& CO., LTD 的纳米技术研发部门，并与该公司共同出资在国内设立了超疏（亲）水涂层应用中心。同年，希森美克还获得了英国 NOVCLEAN AG& CO, LTD 的技术授权许可，在国内推广和生产 NOVCLEAN 系列工业清洗剂的相关产品及传统工艺的替代技术。

希森美克在纳米粉体的分散上已经掌握了核心的技术，在此基础上做出来的成品拥有高耐磨、高耐化学性、高耐候性、高抗污性，以及长效持久的性能。其中，超疏水超疏油纳米涂层全球只有希森美克和美国 Ultra Tech 公司能够大批量工业化生产；超亲水超亲油纳米涂层是可以耐钢丝球或者砂纸摩擦且不影响涂层亲水易清洁效果的超薄纳米涂层，与食品接触都是安全的，已经通过了

美国食品药品监督管理局认证，全球只有希森美克和美国 Nye 公司能够商品化生产；超硬耐磨易清洁抗指纹纳米涂层可耐摩擦 20000 次，全球只有希森美克和美国 3M 公司能够商品化生产。截至 2021 年 5 月，希森美克共申请专利 29 项，包括国内发明专利 18 项、国际 PCT（专利合作条约）发明专利 2 项、实用新型专利 9 项，其中 9 项发明专利和 9 项实用新型专利已获授权，其他发明专利处于实质审查阶段。

掌握核心技术不仅为希森美克带来了充足的底气，也带来了更大的发展机遇。2016 年，希森美克与世界 500 强企业德国汉高公司签署了合作协议，成为其纳米涂层全球独家供应商，贴牌的定制纳米涂层产品、工业品销往海外市场；2017 年，希森美克与合作伙伴设立 King Flourish Industrial GmbH 公司，正式在德国汉堡设立了纳米涂层应用技术研发中心；2021 年，希森美克计划在日本大阪、美国洛杉矶设立全资子公司，拓展民用品海外市场。

先进的技术除了依赖深入的研发，更要依靠先进的人才，希森美克在打造具有创新性和专业性的核心技术团队方面也进行了很多创新的实践。例如，针对员工不同的年龄阶段进行人生规划指导；在管理上采取“345”模式，即 3 个人拿 4 个人的工资干 5 个人的活，以此来提高员工的积极性和人才利用效率；此外，蒋卫中还在萝岗租了一批公租房，为员工提供 50% 的住房补贴，让员工能够更加安心地工作。

为了保证研发质量与水平，希森美克在广州拥有研发中心和运营中心，跟国内外的高校、公司、研发机构也有合作。其中，希森美克会把基础的研究交给高校进行，应用研究由希森美克自己的团队完成，产品的方向则根据客户的痛点来决定如何开发。此外，希森美克还会定期邀请国外的技术团队来中国进行技术交流。从 2014 年到 2017 年，希森美克一直专注研发，前后投入了大概 2000 万元，也得到过广州市人民政府和广州一些基金的扶持。在这样一个积极的研发氛围中，希森美克的核心技术团队人员专业经验丰富、优势特长互补，目前共有专（兼）职研发人员 18 人，占到了公司总人数的 48%，且均为硕士研究生及以上学历。

仅有高质量的产品是远远不够的，希森美克还会针对不同的场景和客户的不同需求匹配低、中、高的产品，并且做定制化的开发，为客户提供整套解决方案。24 小时不间断的售后服务、16 小时的研发机制、用心聆听每位客户的心声、整合上下游资源与客户紧密合作，这些都保证了希森美克能够快速地将解决方案提供给客户，让客户获得更高质量的服务，持续创造增长利润。

蒋卫中回忆说，有一次在美的测试纳米涂层时有一个指标没过，美的只给了希森美克三天时间解决问题，解决不了就会失去与美的的合作。为了这个项目，蒋卫中三天没睡觉，带领同事轮流加班，最终解决了问题。“我经常说创业要像‘打不死的小强’那样才行，高科技团队要有好的抗压能力，不怕苦、不畏难，把客户当上帝。”带着不要命的拼搏精神以及为客户着想的服务意识，希森美克不仅凭借核心技术为自身的发展争取到了自主权，更在市场上保持了比较大的竞争优势。

翱翔天际，黄埔给足底气

时光飞逝，希森美克从第一年的“活着”，经过第二、第三年的稳步发展及第四年的乔迁、第五年的沉淀，一路走到了第六年。作为纳米涂层的生产商，希森美克一直努力为企业提供专业、高效的多功能纳米涂层解决方案，将纳米清洁技术带入了千家万户，创造了诸多清洁的奇迹。回想起最艰难的那几年，蒋卫中心中充满了感慨：“在希森美克发展的早期，我们很幸运地得到了黄埔区人民政府的大力支持。如果没有华南新材料创新园的天使投资，希森美克很多现今的设备和仪器都未必敢买，企业也未必能发展得如此迅速和顺利。”

蒋卫中提到的华南新材料创新园，就坐落于中国最大开发区广州高新技术产业开发区核心——广州科学城内，占地 160 亩，一期总建筑面积为 22 万平方米，环境优美，交通便利，配套设施齐全，拥有先进的新材料专业孵化器和加速器，总体投资 20 亿元，是国内最大、最专业的新材料专业孵化园区。

2014 年希森美克刚在广州成立的时候既缺乏人脉也缺乏资金，华南新材料创新园不仅帮忙引进人才，还投资了 400 万元帮助希森美克建立了自己的实验室，极大地推动了科技成果的转化落地，实现了希森美克在核心技术上的自主掌控。2015 年至 2018 年间，希森美克在华南新材料创新园的辅导下参与了很多创新创业大赛，在比赛中激发出了强劲的创新潜能，接连取得优异的成绩，还协调对接上了广州科技金融创新投资控股有限公司，获得了千万级别的风险投资，为后期发展争取到了可靠的保障。

蒋卫中介绍说，根据企业不同的发展阶段和情况，华南新材料创新园打造了众创空间、创业苗圃、孵化器和加速器，为企业的发展免除后顾之忧，甚至还有“华新园丁”专注“小树苗”的培育与浇灌，第一时间告知从区、市、省乃至国家出台的相关政策，精准化提供相关服务；“BOSS 下午茶”“华交会”“华信大讲堂”等各种为企业“量身定制”的活动为企业提供了日常交流的平台，对上下游企业的资源也进行了盘活和整合；华南新材料创新园还会组织企业“走出去”进行国际化交流和学习，开拓企业发展的国际视野与格局。“我还记得有次去日本的丰田、京瓷等企业学习，本来抱着旅行的心

态，没想到一刻都不能放松，收获很大，回来之后我的管理理念都变了。”蒋卫中将学来的管理经验运用到实际中并收到了很好的效果，“虽然工作量增加了，但管理起来却比以前轻松”。

随着发展进程不断推进，企业对办公场地以及人才有着更为迫切的需求。为此，华南新材料创新园推出了“326 服务系统”[①]，令园区无论是在高新技术企业数还是在高新技术人才数、高端项目、知识产权、科技成果等方面，都成为亩产最高的孵化器。通过引进专业的、高层次创业人才，邀请国外专家与新材料、生物医药等企业负责人深度交流，华南新材料创新园鼓励园区企业参加国际展会和实地调研，寻找高端创业项目和技术，以促进园区发展实现“腾笼换鸟”的转变，助力园区企业“飞”得更远。

经过多年的发展与完善，华南新材料创新园不仅拥有“龙头企业 + 孵化企业”协同打造的新材料大产业平台；同时还拥有完整的“双创孵化服务链条”，为新材料上下游中小企业提供不同发展阶段所需的创业物理载体，并精准嫁接龙头企业的产业资源优势。

2019 年底，《广州市黄埔区 广州开发区促进纳米产业发展办法》（也称“纳米 10 条”）正式发布。19 个纳米科技项目正式签约，设立 6 亿元“纳米科技”重点专项，建设全球领先的“中国纳米谷”……这一系列连续举措和方向，让包括希森美克在内的企业更有信心。

在适宜的生存环境下，希森美克凭借卓越的技术品质、良好的信誉魅力，开发出了 7 个系列的 300 多款产品，初步完成了纳米新材料领域的技术积累，成为目前国内最专业的多功能纳米涂层、纳米清洁剂专业生产商。2020 年 8 月 12 日，希森美克股改后挂牌上市，这标志着希森美克向市场化、规模化、资

---

①“3”指 3 个 1 亿，帮助园区企业直接融资 1 个亿，间接融资 1 个亿，获得政府支持 1 个亿；“2”指 2000 万，促成园区内企业之间交易额达到 2000 万；“6”指 6 个 100，帮助园区活跃用户达到 100 个、高新技术企业达到 100 家、协助园区企业招聘 100 位高端人才、100 个知识产权贯标、100 家新四板挂牌企业、举办 100 场活动。

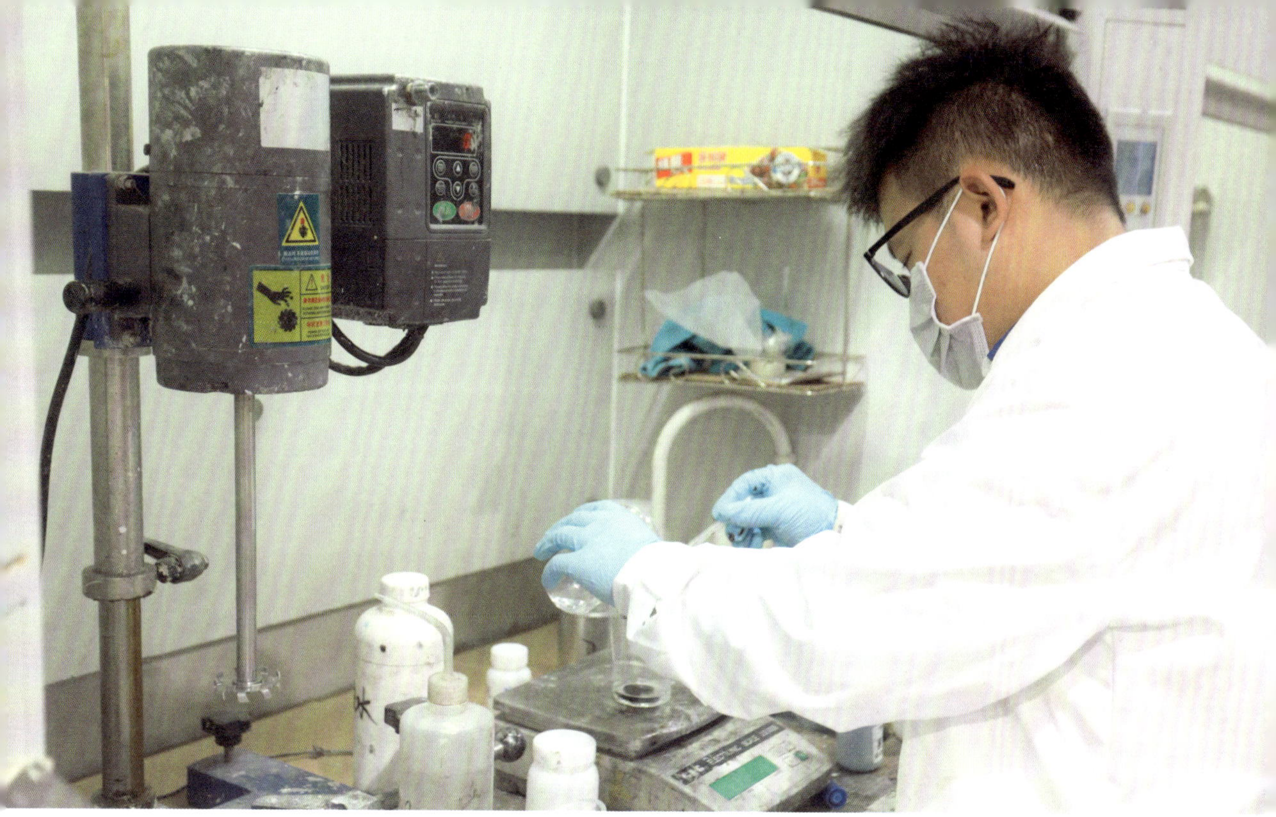

产化发展的决心，也标志着希森美克正式开启了资本市场直接融资的发展新征程。今后，希森美克还将与广东股权交易中心展开深度合作，借力多层次资本市场的充足资金，实现企业的跨越式发展。

21 世纪以来，纳米表面材料的研究、开发与应用已经成为纳米材料领域的战略制高点。随着纳米材料研究内涵的扩大、领域的拓宽以及技术的迭代，基础研究与应用研究的衔接也变得更为紧密，实验室成果的转化速度大大加快，纳米材料制备和应用研究中所产生的纳米材料和技术领域新产品的创新会更加以市场为导向、以需求为牵引，产业化及市场化方面也会存在更为广泛的应用空间。

作为粤港澳大湾区的创新高地，广州市黄埔区、广州高新区、广州开发区再次站上全球科技革命风口，抓紧了“纳米科技”这一具有重大意义的战略性新兴产业，积极建设全球领先的“中国纳米谷”。

看好纳米技术和纳米材料应用的发展趋势，希森美克对于未来 3~5 年在全球范围内保持领先优势充满了信心。带着成为世界一流纳米涂层材料供应商的愿景和新的历史发展使命，希森美克还将继续利用技术上的先进性，进一步扩大易清洁纳米涂层、自清洁纳米涂层、超清洁纳米涂层、功能性纳米涂层、纳米防腐涂层的产品范围和研发力度，树立良好的品牌形象，打通更多的上下游产业，更好地满足客户需求。

谈及此，蒋卫中总结道："现在是一个非常好的创业的时代，企业家必须要有国家视角和全球视角，希森美克在发展的过程中要跟随《中国制造 2025》的方向，在新材料领域成为'隐形冠军'。"

文 / 李桐

获得的荣誉

- 发明专利11项（2018—2021）
- 科技型中小企业（2017—2021）
- 国内商标23项（2015—2021）
- 知识产权质量管理体系认证（2021）
- 广东省知识产权示范企业（2021）
- 广东股权交易中心挂牌证书（2020）
- 国际商标1项（2020）
- 质量管理体系认证（2020）
- 中国3·15诚信企业（2017—2019）
- 中国3·15消费者可信赖产品（3D车盾品牌汽车美容、3D家盾家居美容系列产品）（2017—2019）
- 高新技术企业（2019）
- 2018中国创新创业大赛军民融合专业赛（惠州赛区）决赛一等奖（2018）
- 危险化学品经营许可（2018）
- 入围“2018广州天英汇国际创新创业大赛”百强项目晋级全国复赛（2018）
- 第六届中国创新创业大赛新材料行业总决赛成长组十二强（2017）
- 第六届中国创新创业大赛（广东赛区）暨第五届“珠江天使杯”科技创新创业大赛成长组新材料行业二等奖（2017）
- 广州市科学技术成果2项（2017）
- 第六届中国创新创业大赛（广东·广州赛区）暨第二届羊城“科创杯”创新创业大赛新材料行业成长组第二名（2017）
- 广东省新材料产业知识产权联盟发起单位（2017）
- 广东省高新技术产品5项（2016—2017）
- 广州市企业研究开发机构（2016）
- 第五届中国创新创业大赛优秀企业（2016）
- 中国化工学会涂料涂装专业委员会团体会员（2016）

胡华智

『黄埔有故事』讲述人

广州亿航智能技术有限公司创始人、董事长兼 CEO

- “航空传奇人物”（Living Legends of Aviation）科技创新大奖获得者（2019）
- 2019 全球无人机贡献奖获得者（2019）
- 2018 年度十大商标品牌新锐人物（2019）
- 广州市黄埔区、广州开发区优秀人才 A 证获得者（2019）
- 2018 中国无人机杰出贡献奖获得者（2018）
- 2016“FIT 粤”科创先锋大赛创新之星奖获得者（2017）
- 2016 广东年度经济风云榜风云人物奖获得者（2016）
- 2016 新世代权力榜创新人物奖获得者（2016）

- 成立于2014年的亿航智能致力于让每个人都享受到安全、自动、环保的空中交通。
- 主要业务板块包括空中交通（包括载人交通和物流运输）、智慧城市管理和空中媒体，为全球多个行业领域客户提供各种自动驾驶飞行器产品和解决方案，不断探索天空的边界，让飞行科技普惠智慧城市的美好生活。

亿航智能

载人级自动驾驶飞行器将改变世界

2020年6月5日23点15分，熄灯不久后的广州塔重新“点亮”。不远处的珠江江面上，500个光点缓缓升起，它们组成的“广货带天下　广带天下货”十个大字，簇拥着另一座“小蛮腰”，闪烁在夜空中。

应该很少有哪座城市的居民，比广州人看过更多的空中飞行编队表演。每逢羊城大事，在广州都可以看到全球领先科技企业——广州亿航智能技术有限公司（以下简称“亿航智能”）的编队表演，亿航智能用集群调度的飞行器描绘了一张张巨大的城市画卷。但首届直播节（中国·广州）启动仪式上的这次大规模编队表演亮相，却有些不一样：对于广州市民来说，是一次睽违已久的问候；对正努力复工复产的无数企业、商户来说，更是一道划开了迷茫的光。

500架飞行器在空中不停变化：直播节LOGO（标识）、云上二维码、超大型“手机屏幕”……15分钟以后，一如来时的齐整端庄，它们安静撤场，花城广场和珠江两岸的人群伴着赞叹声渐渐散去，融入无边的灯火中。

“空中媒体”的首创者

普通人了解亿航智能，恐怕多数是从那些华丽的空中表演开始的。2016年6月16日，亿航智能携手京东数码在京东新总部大楼上空做了一次飞行编队表演，表演在社交网络上迅速刷屏。

这是亿航智能第一次对外公开的飞行编队表演，也是其第一次商业营销，共有30台GD2.0智能飞行器参与表演。这个数字今天看来并不大，但在当时已经创下了国内之最。为了保证安全和灵活地变换编队造型，每台飞行器的空中间隔距离大于5米，整个“夜空3D巨幕”共占地900平方米。飞行器通过整齐划一的点阵排列和飞行器上的LED（发光二极管）灯闪烁，在20~80米高的夜空中有序地变换图案，而且完美地完成了整体飞移、垂直地面90度翻转等高难度立体编队造型，与地面的巨幕海报交相呼应。

为了这次亮相，亿航智能团队前后筹备了5个星期，进行了8次测试彩排。它的成功，让编队表演从此成为亿航智能的输出性服务。以后，参与亿航智能编队表演的飞行器数量迅速上升：于2017年2月11日在广州市中心海心沙广场举行的“天幕流星·千机变”元宵会演有1000架飞行器参与编队表演；于2018年五一假期在西安城墙进行的飞行编队表演有1374架飞行器参与，再次刷新纪录，并荣获“最多无人机同时飞行”的吉尼斯世界纪录称号……

基于硬件基础和智能软件自动化操控的技术优势，亿航智能的工程师们设计出一套智能指挥调度系统，用一台电脑作为地面站即可自主操控、监测上千架飞行器的飞行，并且设置飞机灯光的颜色变换。

亿航智能将这种飞行器表演，称为“业内首创的依托飞行器硬件平台的新型科技媒体商业模式”，也就是说，让飞行器创造内容，表达艺术，成为“会飞的新型媒介”。

实际上，首届直播节（中国·广州）启动仪式上的那个云上二维码，是第一次用飞行器编队组成图案直接连接到移动终端。也就是说，通过飞行器编队不仅能做品牌传播，还可以实现销售。无论个人、品牌，还是城市、景点，都可以通过这种“天书”导入流量，实现线上线下的高效连接，变现转化。

“科技”这个词，可以从两个层面来理解，一是“科学”，二是“技术”。前者着重于对未知世界的探索和基础性的研究，后者则更多地着眼于应用层面，更容易与普通人的生活联系起来。或许每个看过飞行器表演的人都会问：下一次会有什么新花样？他们也许并不懂得编程技术，也并不能清楚地感知到飞行器发展的未来，但经由那些绚烂的空中动画，科技的力量以一种优美浪漫的形式走进了人们的日常。或许，在仰望天空的那些少年里，会有一些因刹那间的心灵震撼开启了一扇人生发展的窗户。人的想象力在不断地挑战科技，科技发展也在不断地激发想象，这种无形的交融，是科技进步的重要推动力。

抗疫中实现紧急医疗运输新应用

以飞行器表演为代表的空中媒体，只是亿航智能的业务板块之一。与之相比，在城市空中交通领域的拓展，更能体现亿航智能的雄心。

城市空中交通作为一个新生行业，过去几年间已经逐渐走进国内大众视野。不同于很多影视作品中都有警察追击歹徒，或者医务工作者转运病患的直升机，城市空中交通中基础是全自动的载人级自动驾驶飞行器，而亿航智能的载人级自动驾驶飞行器是多旋翼，以全备份安全设计、自动驾驶、纯电力能源、集群管理、实时联网为核心设计理念，安全性更高、机动性强、更绿色环保。

按照国家统计局发布的数据，2019 年末中国大陆 140005 万的总人口中，有 84843 万人常住在城镇，城镇化率突破了 60%。北京、上海、广州、深圳、重庆、成都 6 座城市，实际管理人口都超过了 2000 万。可以预期，在未来一段时间中，人口向城市聚集的趋势还将延续。大城市在提升了产业集聚效应和资源利用效率的同时，也因高度密集化，面临着交通拥堵、环境污染等“大城市病”的困扰。据一些研究者的统计，每名美国司机每年平均有 41 个小时在拥堵高峰期困在车流中，每年因此给司机造成的经济损失超过 3000 亿美元。在中国，根据 100 座城市的大数据，大约 53% 的城市人口每天通勤会耗费 20~60 分钟。

一些人提倡构建立体隧道网，但向下的交通网络其实会受到地质条件的限制，而且在城市中心区域地面以下进行大规模挖掘也可能带来沉降等一系列难以预估的问题。相对来说，如果能突破能源供给、安全性等问题，空中交通会更加便捷和灵活。

2021 年 4 月，按照民航局适航司授权，中南局作为亿航 EH216 载人无人机项目型号合格审定的组长单位，已完成了审定工作组“国家队”的组建，并在广州组织召开了型号合格审定首次会议，正式开展 EH216 的 TC 审定工作。这是中国民航局首个载人无人机系统 TC 审定项目。中国民航局总工程师殷时军率领调研组来亿航智能开展中南地区无人驾驶飞行器审定工作调研时指出：“无人驾驶航空是智慧民航建设有机组成部分，会成为未来主要的交通运输形态，要共同努力促进无人驾驶航空器的发展，推动民航建设的高质量发展。申请人与局方都要有创新思维，要创新审定方法，对标国际建立标准。”

空中物流是城市空中交通的一个重要细分领域。根据摩根士丹利的最新研究报告，到2040年，全球城市空中交通的市场规模将达到1万亿美元，到2050年预计突破9万亿美元。其中有望率先实现商业化应用的，就是空中物流。全球企业增长咨询公司——弗若斯特沙利文咨询公司的分析报告也显示，2023年全球城市空中物流交通市场规模预计将达到460亿美元，中国占比约45%，有望成为全球最大市场。

2019年5月16日，中外运敦豪国际航空快递有限公司（以下简称“中外运敦豪”）与亿航智能在广州联合发布了国内首个全自动智能空中物流解决方案，首条配送服务航线从中外运敦豪位于广东省东莞市的寮步服务中心到松山湖片区，全程飞行距离约8公里，使用亿航智能天鹰物流飞行器派送，最大载重5公斤，可将单程派送时间从40分钟大幅缩短至8分钟。

2020年初抗击新冠肺炎疫情期间，亿航智能在多地实现了城市空中交通系统在医疗救援运输场景中的实际应用。在广西壮族自治区贺州市防控总指挥部举行的演练中，全自动驾驶飞行的亿航216飞行器成功将医疗物资从贺州灵峰广场运送至4公里外的贺州市人民医院，精准平稳降落在该医院25楼屋顶的平台，随后自动返航。亿航智能首席战略官徐华翔亲自参与了实地飞行演练，搭乘亿航216从贺州灵峰广场出发，历经4公里的自动驾驶飞行，安全降落在贺州市人民医院楼顶停机坪。同时，亿航智能在贺州进行了一系列医疗救援人员运输飞行演练，演练包括夜间飞行，航程超过15公里，覆盖整座城市，巡航速度达每小时90公里。

在广州黄埔区，亿航智能的自动驾驶飞行器帮助派出所把口罩、一次性手套等防疫物资送往发热门诊医院。在防疫封城的特殊情况下，相比医疗急救车或直升机等运输工具，自动驾驶飞行器具有远程处置、减少接触的优势。此外，在2020年4月的韶关防洪演练中，亿航自动驾驶飞行器还向受灾群众精准投送救生衣等相关救援物资，这是洪涝灾害救援中重要的应急救援措施。

CEO是载人飞行器的第一个乘客

《粤港澳大湾区发展规划纲要》明确提出将粤港澳大湾区打造成为“具有全球影响力的国际科技创新中心”，深化低空空域管理改革。全自动驾驶飞行的载人飞行，显然是一个有广阔想象空间的方向。2020年1月，亿航智能发布了一份40多页的《城市空中交通系统白皮书》（以下简称“白皮书”），当中提出了基于集中式指挥调度平台和计算机设置的特定路线建立的城市空中交通系统。

在这个系统中，所有自动驾驶飞行器均由指挥调度系统集中监管，按照点对点固定航线有序运行。用于飞行器起飞和降落的地面站点，需要在城市空中交通系统平台中登记备案。基于出行需求，备案站点的数据库可以不断更新。它的理念有别于美国联邦航空管理局的无人机交通管理系统，后者是一套适用于不受控运行的交通管理生态系统，而集中式指挥调度平台确保了空中所有飞行器都必须注册在案，并统一控制，安全、高效，也便于部署管理。

2019年8月，亿航智能与广州市人民政府达成打造全球首个空中交通试点城市的战略合作框架。按照双方构想，广州将成为中国首个、国际领先的“空中交通智慧城市”，当中重要一环，是推进载人级自动驾驶飞行器在广州的飞行试点及航线的落地。

距离广州“城市会客厅”花城广场东侧不远的合利·天德广场，曾是有着800余年历史的猎德村整体改造工程的收官之作。“天德”就是“天河”和“猎德”的简称。2019年11月，合利·天德广场开业当天，以“广州001号”空中的士为首的电动载人级自动驾驶飞行器亿航216列队亮相，其中2架在上空比翼齐飞。这是城市内载人级自动驾驶飞行器在空中观光游览应用场景的飞行首秀。

其实，早在2016年美国拉斯维加斯举办的国际消费类电子产品展览会上，亿航智能就发布了全球首款纯电动载人级自动驾驶飞行器——亿航184。这台无人驾驶飞行器以8台电动机为动力，可由计算机平台远程管理，机上无须飞行员，可以载运1名乘客，续航时间约20分钟，一经亮相便引发广泛关注。

2018年2月6日，亿航智能官方公布的第一条载人飞行短片中，亿航智能创始人、董事长、CEO胡华智作为第一位乘客亮相。这个自称最喜欢“跟大家一起工作，跟大家一起搞高科技研究”的中年人，兴致勃勃地跟观众们普及亿航184的基本飞行原理：“不用带降落伞，不用自己动手操作，地面指挥调度中心会对飞机发出一系列指令，让它在固定轨道飞行。”

在亿航184的基础上，亿航智能后续发布了更先进的亿航216，这款机型增加了额外的8个螺旋桨，安全性更高，动力更强劲。

据了解，乘坐亿航智能飞行器的乘客仅需要在客舱内置平板电脑中选择目的地站点，即可一键起飞，飞行器将按照预设航线飞抵目的地。迄今，亿航智能载人级自动驾驶飞行器已完成大量飞行测试。并在中国广东省、吉林省、辽宁省、山东省、浙江省、江苏省，以及阿拉伯联合酋长国迪拜、荷兰阿姆斯特丹、卡塔尔多哈、奥地利维也纳、韩国首尔等多地实现自动驾驶飞行演练。2020

年 1 月 7 日，在由美国北卡罗来纳州交通运输部主办的 2020 北卡罗来纳交通运输峰会上，亿航 216 完成了在美国的首次公开飞行演练，并获得美国联邦航空管理局颁发的试飞许可。

要做一款最安全的飞行器

有采访者问胡华智："你觉得人可以把生命托付给机器吗？"胡华智回答说："可以。"

胡华智说，一台稳定的设备，加一段完美的代码，比人的可靠度要高得多。

这种观念部分来源于他的生活经历。

从小就爱好飞机的胡华智，是个热情的航模爱好者。"模型是我最大的爱好，"他在接受媒体采访时说，"（1999—2000 年）那个时候的模型比现在贵得不是一星半点，烧油的直升机至少得上万，像固定翼，哪怕一个最便宜的后推桨也得一千多。因为爱好，赚点钱全花这儿了。"他自己也动手做航模。

2004 年，他和朋友一起制造了国内第一架共轴双桨直升机，第二年又设计制造了涡轮喷气式发动机和喷气式直升机。

遗憾的是，他的一位航模好友在一次飞行事故中不幸遇难。“然后是我的直升机教练，我刚开始跟他学了一小段时间，然后就忙工作，有一段时间没飞，突然就被告知他出事了，就在那时候，这两个人前后脚没了。”这让他下决心做一款最安全的飞行器。

飞机是一台机器，像人一样会生病，会出问题。“所以后来我就在想，我们为什么不能把它们所有的地方都做备份，硬件、软件全部备份。我们定位设备是全球定位系统，我们还可以用视觉定位、毫米波雷达定位……这些全部都是互为备份，就是让飞机不管是哪里坏了，总有参考数据正常飞行，”他说，“我们要把飞机测试到，无论哪里坏了，上面的人都能安全下来。”

2013 年的时候，胡华智看到了多轴飞行器。“它的机械结构简单，可是正因为它简单，才有发展的空间。我预感到它会是非常有革命意义的飞行器，”

胡华智说，“机械结构简单故障率就低，而且它稳定、易于悬停，安全性也很高。比如八旋翼的，假如有一个电机停转了，依然可以继续飞。有了这个理论基础，我的梦想就发生了变化，我要用多轴做一架载人的飞机把我带上天。这就是我创业的初衷。”

最开始做飞行器的时候，胡华智的身边并没有成熟的团队。“第一款飞行器基本上都是我一个人在做。那时我常常几个礼拜不下楼，不过经常上楼顶试飞，其他时间就坐在电脑前，废寝忘食地搞研发，但是我很享受。”他说。在当时，大家觉得胡华智要做的东西太富未来感、不真实，为此他做出来一些样机，到处去讲，让人慢慢相信。

2014 年 11 月，在亿航智能团队的努力下，其第一款飞行器打破了中国科技产品海外众筹的纪录。在此前后的 2014、2015 年，亿航智能还陆续拿到了多笔投资，成为受到广泛关注的初创企业。同时，亿航智能更大的布局也开始徐徐展开。

2016 年，随着全球首款载人级自动驾驶飞行器亿航 184 的发布，亿航智能的城市空中交通解决方案应运而生，凭借在技术、产品、平台、市场、监管各方面的先发优势，空中交通如今已发展成为亿航智能的核心业务。

胡华智说，亿航智能从开始创业到今天，“所有的节奏把握得还不错”，不但在逆境中没有出现任何问题，而且还在逆境过程中慢慢发展壮大。“我们的团队越来越成熟，我们的技术也越来越高，这是我非常开心的。”

2019 年 12 月 12 日，亿航智能登陆纳斯达克，成为全球首家上市的城市空中交通企业。

广州是飞行器供应链集散地

胡华智说，他的梦想是让人类在空中可以像鸟儿一样自由地交通。而广州黄埔，则是他实现自己梦想的最好选择。亿航智能的业务最初集中在指挥调度领域：2008 年成为北京奥运会指挥调度系统方案提供商，之后还负责了广州亚运会等大型活动的指挥调度。

指挥调度，听起来与飞行器行业相去甚远。然而在这方面的技术积累，成为如今亿航智能自动驾驶飞行器未来有望大规模商业化运营的基础——天地通讯系统保持和指挥调度系统平台。在胡华智和亿航智能上百名工程师的努力下，2016年亿航智能的全球首个智能指挥调度中心在广州落成，亿航智能顺势把产品优势进一步扩大到平台优势。有业内人士评价，智能指挥调度系统最大的意义是让亿航智能成为一个开放的合作平台，赋予了其和B端（指企业用户商家）产生各种化学反应的“奇妙能力”。在肉眼可见的未来，它并不仅限于改变人类的出行方式，更在于大幅提升生产效率，加速人财物的流通，给人们衣食住行带来实实在在、看得见摸得着的便利。

亚运会的指挥调度项目，让胡华智和广州结下不解之缘。他说，从产业上来说，广东是飞行器供应链的集散地，有非常好的外部条件；作为省会城市，广州对于创新创业不仅鼓励支持，还提供不少优惠政策。2014年，他选择在广州开启亿航智能的飞行器事业。

作为一家科技创新企业在广州市黄埔区落地，胡华智有一个特别深刻的体会，亿航智能与政府及政府部门领导的沟通非常顺畅，“在我看来，企业与政府的关系，就好比千里马与伯乐。尤其对于科技创新企业来说，项目能不能实现，能不能落地成果转化，其实是未知。而政府如果有伯乐相马的诚意与敏锐，对于企业来说，就是一种支持。可以看到，广州给予了初创公司很多优惠政策。”

2019年8月，亿航智能与广州市达成战略合作，共同建设全球首个空中交通试点城市，主要合作方向包括：建立载人交通试点，推动相关标准、法律法规建设；开启空中智慧物流配送常态化运营实践；建设广州市政务飞行指挥调度管理平台，积极推进包括集中实时监控、指挥调度、集群联网等应用，提高日常监管、应急处理、调度管理方面的效率。

近年来，空中客车、波音等公司都发布了多款原型机，载人自动驾驶飞行器的热度在不断升高。但目前在全球范围内，城市空中交通还缺少成熟的法律法规、标准。在这条有关标准之争的赛道上，集中了国际民航组织、欧洲民航组织、美国联邦航空管理局、中国民航局等强手。2019年，亿航智能获得中国民航局批准，成为中国首个且唯一一个载人级自动驾驶飞行器适航审定试点单位，基于真实数据志愿协助中国民航局开展载人飞行器的运行风险分析、适航标准制定和验证，助力中国民航局引领全球城市空中交通行业国际行业标准的建设。

尽管目前对于自动驾驶飞行器的关注大多集中在城市空间，但城市外依旧有大量的应用场景，自动驾驶飞行器有望取代目前的直升机服务，包括搜索和救援、紧急医疗服务、海上作业、消防、电力巡检与修复、农业和害虫控制、媒体报道、航空摄影和执法等。胡华智说，未来大家出门的时候，只要把目的地设定好，上去按个按钮，起飞，到了。这就是亿航智能心目中的未来场景。到那时，也许很多偏远地区都不再偏远，“我不是为了改变世界而改变世界，我只是觉得这个事情有可能改变世界”。

文 / 李桐

获得的荣誉

- 高新技术企业（2020）
- 广东省知识产权示范企业（2020）
- 2019广州“独角兽”创新企业（2020）
- 2019广州“高精尖”企业（2020）
- 广州市黄埔区、广州开发区知识产权优势企业（2020）
- 粤港澳大湾区宝藏企业（2020）
- 中国无人机行业创新奖（2019）
- 2018广州“独角兽”创新企业（2019）
- 第二届“绽放杯”5G应用征集大赛广东分赛三等奖（2019）
- 2019年度最具创新力企业/品牌（2019）
- 2019世界无人机大会—系统技术创新产品奖（2019）
- 知识产权管理体系认证（2019）
- 2019年广州品牌百强企业（2019）
- 2018年广东省创新型企业（试点）（2018）
- 广州市黄埔区、广州开发区2017年度PCT申请前10名（2018）
- 2018中国新经济行业独角兽（2018）
- AS9100C航空质量管理体系认证（2017）
- 第六届中国创新创业大赛优秀企业（成长组）（2017）
- 第六届中国创新创业大赛（广东赛区）暨第五届“珠江天使杯”科技创新创业大赛成长组先进制造行业一等奖（2017）

黄兴

『黄埔有故事』讲述人

国机智能科技有限公司前董事长、党委书记

- “航空传奇人物”（Living Legends of Aviation）科技创新大奖获得者（2019）
- 广东省机械工程学会科学技术奖 一等奖（“医用全自动口罩机关键技术研究与产业化应用”项目）获得者（2020）
- 2019 年度广州市产业领军人才（创新创业服务领军人才）获得者（2020）
- 广东省科技进步奖一等奖（“高端装备大型橡塑密封设计制造关键技术及工业化应用”项目）获得者（2019）
- 2019 中国国际机器人领域焦点人物（2019）
- 广东省机械工程学会科学技术奖一等奖（“高端装备大型橡塑密封设计制造关键技术及工业化应用”项目）获得者（2019）
- 广州市产业领军人才（杰出产业人才）（2017）

- 成立于 2015 年 12 月的国机智能自成立起便致力于机器人及关键零部件、智能装备、智能制造技术的研究、生产制造、检测咨询、举办行业展览、出版杂志。
- 重点研发制造面向行业需求的工业机器人本体技术与产品，以及智能装备等自动化生产线，为工业客户提供系统的解决方案。

国机智能

中国智能制造领跑者

生逢其时，先天优势显著

2015 年 11 月 18 日，时任广州市市长与中国机械工业集团有限公司（以下简称“国机集团”）总经理徐建举行会谈。会议指出，广州正大力推进产业转型升级，为进一步优化产业结构，转变发展方式，建立战略优势，希望国机集团抓住机遇，加快在广州战略布局，实现合作共赢发展。同年 12 月 25 日，国机智能科技有限公司（以下简称“国机智能”）正式成立，落户广州市黄埔区（广州开发区），注册资本 10 亿元，重点开展机器人、智能装备及关键零部件的技术研究与开发、生产制造、检测咨询服务。

国机智能在智能制造领域的崛起速度可谓惊人。在成立后短短两年的时间里，国机智能在智能制造行业声名鹊起，其项目“农机装备智能工厂平台化制造运行管理系统标准制定和试验验证”入选工信部 2016 年智能制造综合标准化与新模式应用项目。

国机智能诞生的过程，可谓是一件水到渠成的事情。事实上，在短时间内取得如此突破的国机智能并不能算是一家新公司。国机智能是国机集团利用自身在智能制造领域的各种资源与广州市人民政府在有60年历史的广州机械科学研究院有限公司（以下简称“广州机械院”）的基础上共同成立的企业。其成立的契机是2015年广州市大力发展智能制造行业，广州市人民政府积极引进智能制造领域国有大型中央企业成果。同时，其身后的广州市黄埔区、广州开发区既是粤港澳大湾区的“湾顶明珠”，又是广州经济发展重要的动力区，为企业发展提供了良好的环境。

国机智能的前身广州机械院是为了解决国家高端装备行业（如机床）及关键功能零部件相关问题，提升智能制造技术而成立的。1999年，广州机械院通过与企业密切合作，由事业单位转制成企业。2000年，广州机械院意识到中国制造业未来的瓶颈已经出现：在中国工业化的过程中，不管珠三角

地区还是长三角地区，早期的制造都过度依赖人口红利，并没有注重技术进步和提升整体工业的制造水平。

广东作为改革开放的前沿阵地，最早意识到了这个问题。2000年，广东在全国最早提出了创新驱动——中国的工业制造要真正的改革，赶上世界的步伐，必须提升自身的制造水平，向智能化、自动化方向发展。正是在这个时期，国机智能"逢时其生"。

国机智能的母公司国机集团是中国机械工业规模最大、覆盖面最广、业务链最完善、综合研发能力最强的大型央企集团、世界500强企业，一年销售额达3千多亿元人民币。国机智能整合了国机集团旗下北京的智能装备研究所、广州机械院、重组的启帆机器人，以及苏州电火花加工研究所等智能制造的资源。广州机械院是中国最早做机器人的机构，早在1983年，由广州机械院研发的机器人就在中国第一汽车集团有限公司与东风汽车集团有限公司的焊装线上运用。

多年的经验积累加上一系列的资源整合，使国机智能拥有雄厚的技术基础和研发制造实力，以及资源丰富的整合平台。因起源于机械行业，国机智能对机械制造、智能制造有深刻的理解。国机智能业务领域覆盖智能装备关键零部件、机器人及系统、智能制造全产业链。

在技术研发方面，国机智能拥有国家机器人检测与评定中心、国家橡塑密封工程技术研究中心、国家汽车零部件技术研究开发平台（广州）等十多个高端研发平台；在科技合作方面，国机智能联合工信部电子五所与中国科学院广州分院，承建了由工信部、中国科学院、国机集团和广州市人民政府四方联合共建的中国（广州）智能装备研究院，参与建设中国—以色列机器人研究院和广州中以机器人与智能制造产业基地；在产品制造方面，国机智能拥有控股企业广州启帆工业机器人有限公司，2015年机器人本体的国内市场占有率排名第二位，也是国内机器人行业前十。目前，国机智能在广州、北京、苏州、德阳、长沙等地区设有子公司和产业基地，致力于成为国机集团智能装备板块的旗舰企业。

从体制内走向体制外，机遇与挑战并存

国机智能的建立，是广州机械院从体制内走向体制外的结果。这对广州机械院来说，既是一种机遇，更是一种挑战。改制后，以前国家提供给广州机械院的各种资源一下全没了，这导致其好几年都在生死线上苦苦挣扎。黄兴自1983年大学毕业后就来到广州机械院工作，至今已有近40年，对于改制后的广州机械院经历的每一重大事件，他都历历在目。“改制后最初的几年，广州机械院的发展确实很艰难，以前根本不用考虑资金和市场问题，改制成为企业后，首先面对的就是钱的问题。以前没有钱，国家和政府拨款，可是改制后要自谋出路。当时我们去银行贷款，银行都不给贷，因为我们的土地都是红线土地，不能抵押。”黄兴回忆道。

但是，转制后的广州机械院也并非一无是处，最大的优势就是人才优势。一方面，转制让所有的员工和管理层思维方式得到转变，改制前是按照国家计划开展工作，改制后由市场来做指导；另一方面，广州机械院利用原来所积累的科技成果和人才，扩大了高端市场，积累了一定的利润，为新一轮技术研发、基础研究储备了资本。“当时，中国的高端设备大多是引进自世界知名品牌，对于国产化要求比较迫切，正好我们把握了这次机会，充分利用在行业里的技术和人才优势，实现了较大的盈利空间，我们的定价不是按照国产产品的标准，而是遵循国外产品的标准。”黄兴对国机智能的产品定位很清晰，也很有信心。

2016年11月15日，国机智能与西门子（中国）有限公司（以下简称“西门子”）签订合作谅解备忘录，在工业机器人和智能制造领域开展深入合作。双方建立联合研发中心，在工业机器人关键技术、制造业自动化和数字化研究，以及智能工厂等方面建立战略合作关系。双方还将共同推进工业机器人合作领域新标准的研究和制定工作，并在数字化领域建立信息共享平台。这意味着国机智能的工业机器人业务将踏上新的台阶。根据备忘录内容，双方建立的联合研发中心将重点关注三大领域的技术研发，包括涵盖运动控制、伺服驱动、传动关节及机械臂设计的工业机器人关键技术研究，可

针对制造业需求在数据处理与分析、信息安全、机器视觉、通信、传感器等技术领域开展前瞻性的自动化、数字化联合研究，并就智能制造工厂评估、设计、优化过程中的方法进行研究。

国机智能与西门子携手具有重要的战略意义，双方在科研、资本和人才等方面的优势，将大力地促进广东省智能装备和智能制造产业发展，引领华南地区乃至全国制造业转型升级。

2016 年 12 月初，国机智能再放大招，与中国矿业大学（以下简称“矿大”）在江苏徐州签订战略合作框架协议，双方将发挥各自在资源、人才、技术及智能制造等方面的优势，在矿山机器人、质检机器人和危险环境作业机器人的研发和产业化方面开展深入合作，发挥矿大在矿业机器人基础理论研究和科学研发方面的优势，并利用国机智能的产业化平台推动我国特种机器人的自主开发和制造，为矿业等危险环境工作领域提供可替代人的机器人。

对于智能化工厂这个全新命题，国机智能也有深厚基础和储备。国机智能将目标锁定在给传统制造业转型升级提供解决方案，除工业机器人、自动化设备等硬件外，国机智能整体系统还加入了包括像 MES 系统（制造执行系统）等相关的软件系统在内的智能工厂的设计。

在农业方面，我国农机装备企业发展水平极不均衡，发展程度从工业2.0到工业3.0的都有，并且向智能制造转型升级的需求都十分强烈。2017年8月，国机智能收到财政部通知，在由工信部和财政部联合组织开展的“2017年智能制造综合标准化与新模式应用”申报工作中，国机智能牵头的“农机装备行业智能工厂通用集成模型标准研究和试验验证”项目获得立项支持。

“农机装备行业智能工厂通用集成模型标准研究和试验验证”项目，在已有标准制定成果的基础上根据农机行业的特点，制定智能工厂系统集成模型。该项目以农机装备行业为示例，面向智能工厂整体业务，制定相关业务的系统集成接口、集成优化模型，指导企业设计、建立和运行维护智能工厂。通过项目的实施，我国有望在未来智能工厂的运行标准制定中，走在世界前列，引领智能工厂的发展方向。

此外，国机智能还充分利用科研院所以及自身几十年积累下来的研发基础，慢慢建立起一些其他产业。黄兴坦言：“广州机械院转制，带来了新的发展机遇，同时也为我国的应用技术追赶国际一流水平提供了很好的人才队伍平台。”

技术基础加持应用场景，推动制造业行业转型升级

在欧美，20世纪80年代工业机器人已经被应用于生产线。当时，国内才刚刚改革开放，是以人口红利来做生产线的。2000年，人口红利慢慢消失以后，制造业开始意识到招工难、工资高等问题。作为行业领先者，国机智能是如何推动传统制造业转型升级的呢？

放眼全国，智能制造领域有三部分人在做，一部分是做机械的，一部分是做自动化的，另一部分是做互联网的。国机智能属于最典型的做机械工业自动化的，其比较薄弱的环节就在互联网这块。但其在工业机器人技术方面具有明显的优势。首先，作为中国最早做工业机器人的企业，国机智能以技术作为基础业务，在做工业机器人及智能制造方面有丰富的技术沉淀，具有明显优势。其次，国机智能有几十年在机械行业服务的背景，熟悉中国应用行业的场景，再

结合机器人技术发展，更能理解用户的需求，能更快更准地抓住用户的痛点。

在前进的道路上，国机智能有着自己明确的节奏。作为刚起步的企业，在发展方向上，国机智能首先避开同机器人制造巨头竞争，另辟蹊径从行业刚需开始。了解工业领域的具体需求，从焊接、冲压、码垛、搬运、喷涂等机器人着手，为中小企业服务。

在当时，业内大多人都认为不正面跟欧美企业竞争，是国机智能水平太低了。国机智能用实力和时间解释了这一切。国机智能在机器人关键零部件研发下了巨大的功夫。通过一步步的积累，如今，国机智能已经能够完全自主研发工业机器人。

“可以说，所有零部件在客户没有提出特殊要求的情况下，我们都是用全国产的供应链，控制器、减速机、伺服电机、控制器等机器人四大关键零部件我们都自主研发并量产，所以可以说我们公司是一个可以做纯国产机器人、集

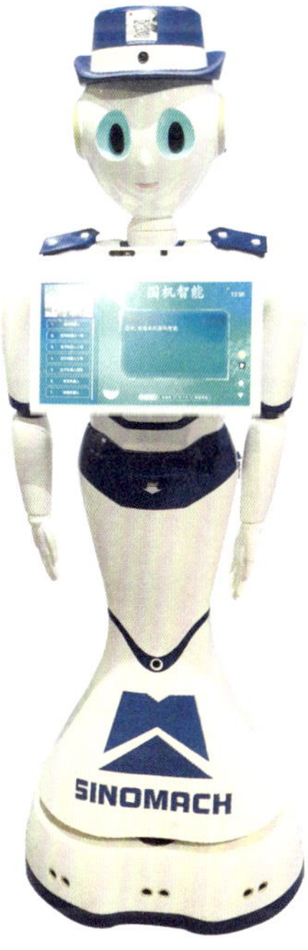

成国内技术的智能制造系统的企业。”国机智能黄兴介绍道。如今，国机智能成功自主研发的 iMES-100 智能工厂制造运行系统也广泛应用于电力、家电、汽车、制药、塑料机械制造等行业。

因为有技术基础，又熟悉客户的应用场景，如今国机智能在整个智能制造及机器人行业里面拥有极强的品牌号召力。不管当下 AI 多么红火，国机智能依旧坚持自己的方向——做工业技术，坚持研发工业机器人，把主要精力放在制造业行业转型升级上，专注于提高工厂效率，提高人均产值，提升产品质量，以及如何及时按客户需求准时交货。国机智能在智能制造领域做了点线面的布局，真正提升了中小企业的产品质量，也为我国制造业转型升级做出了贡献。

盘活湾区资源，赋能区域产业创新

“在发展最高速时期的十年，经历了‘腾笼换鸟’经济战略、‘驱动创新’经济战略，再到建设科技创新强省等战略。”黄兴坦言，国机智能能够发展迅

速，得益于广东的经济政策大环境。广东因地制宜、因时制宜制定的经济战略给国机智能提供了市场策略引导。

经过转制艰难期后，国机智能已经进入良性发展期，其行业的影响力也在逐渐显现——先后加入了全国金属切削机床标准化技术委员会、全国液压气动标准化技术委员会、全国汽车标准化技术委员会、中国机械工业标准化技术协会和广东省标准化协会，亦是国家机器人标准化总体组和国家智能制造总体组成员单位。

助力广州市乃至广东省人工智能和数字经济发展。国机智能牵头发起成立广州工业机器人制造和应用产业联盟并担任常务副理事长单位和秘书长单位，助力工业机器人和智能装备骨干企业在广州市黄埔区和广州开发区的聚集，并通过与广州市人民政府的合作，连续5年承办中国（广州）国际机器人、智能装备及制造技术展览会和中国机器人产业创新峰会。中国（广州）国际机器人、智能装备及制造技术展览会项目于2016年立项，已成功举办了5届，累计展出

面积达25万平方米，专业观众达45万人次，吸引3500多家国内外知名企业参展，邀请累计超过800多个机器人及智能装备上下游企业用户组团参观，有300多家国内外知名合作媒体相关报道5000余篇。通过展会现场签订销售合同累计近120亿元人民币，不断提升广州智能装备和人工智能产业的影响力，助力广州智能装备和人工智能产业规模从2013年的200多亿元发展到2020年的1320多亿元。

截至2020年底，国机智能共制定修订行业标准43项，其中主持32项，参与11项；制定修订国家标准28项，其中主持17项。2016年，受全国金属切削机床标准化技术委员会委托，国机智能作为牵头单位组建了全国金属切削机床标准化技术委员会基础与配套技术工作组，并成为本领域国家标准、机械行业标准的计划申报、编制审核、组织实施、维护、宣贯等技术归口单位。同时，国机智能十分重视企业联系及沟通，根据国家新兴产业发展需求，采集及推动新产品标准的建立及推广。

2018年，广东出台《广东省新一代人工智能发展规划》，广州出台了《广州市加快IAB产业发展五年行动计划（2018—2022年）》；2019年2月，国务院印发《粤港澳大湾区发展规划纲要》。作为落户粤港澳大湾区内的AI产业聚集区和创新枢纽的世界500强企业，国机智能也在变化中给出了自己的思考和中肯的建议。

广东作为改革开放的前沿地带，遇到的问题可以说是行业前所未有的。包括制造业的转型升级，不是企业先知先觉，而是冲在前面的人首先发现了问题。改革开放40多年，广东在全国的发展优势正在慢慢消减，所以这次粤港澳大湾区的发展是很大的机会。

在整个AI行业的发展中，一方面，广东的制造业比较发达，科技人员比较专注于应用技术的开发，而基础技术的开发相对薄弱。另一方面，产业发展还面临区域发展不平衡的问题。广州基础设施全，大企业相对集中，而深圳的创新能力更强，团队活力最强。广州、深圳制造业的占比不大。而以制造为基础的东莞、佛山，创新能力比较差，近几年东莞和佛山都在慢慢转型。未来广东智能制造行业发展的关键在于协调、盘活整个珠三角地区的资源和爆发各方活力。

“我认为广东智能制造产业发展一定要总体规划，不然容易造成资源浪费。每个地区都应该发展有自己特点的智能制造产业。譬如深圳的创新团队、人才能力是广州无法比拟的。但是创新团队要落地，广州是非常好的、具有全面基础的。所以，如何加强两地分工，加强相互合作，是政府和每个企业都应该要思考的。”黄兴建议道。

随着粤港澳大湾区的建设，黄埔被定位为“广州第二 CBD（中央商务区）”。黄埔具有完善的工业配套产业链，区位优势明显。优惠政策的“虹吸效应”及良好的投资环境吸引了众多国内外知名企业落户黄埔。便利的交通和配套为产业人群提供良好的居住环境，为国机智能发展提供了很好的条件，经过 60 多年的发展，国机智能在黄埔已投资建成总部及检测基地、智能研发园区、产业生产基地、湾区智谷（广州十大价值园区）等四个基地。

2020 年 2 月上旬，新冠肺炎疫情初发期间，国机智能接到上级指示组织研制生产口罩机任务，在紧急关头以战时速度开展工作，组织联盟骨干企业及其供应链，成立技术攻关组，形成平面口罩机、N95 口罩机、熔喷布、熔喷机、防护服压条机等防疫物资产业链。国机智能不到 3 天时间快速形成了平面口罩机研制及生产供应链，助力创造了 10 天研制首台（套）平面口罩机并完成压力测试，20 天生产 100 台（套）的成绩；到目前已生产交付 750 多台平面口罩机、N95 口罩机，客户零投诉，圆满完成了保障抗疫物资生产任务，为国家抗击疫情做出贡献，并因此受到中共中央、国务院、中央军委、广东省、广州市的表彰。国机智能口罩机事业部临时党支部受到中共中央、国务院、中央军委表彰，被授予“全国抗击新冠肺炎疫情先进集体”“全国先进基层党组织”等荣誉称号。

2020 年 5 月 29 日，广州市黄埔区国家级高端装备制造业（智能装备）标准化试点联席会议办公室发布了《关于黄埔区国家级高端装备制造业（智能装备）标准化试点立项标准项目的通知》，国机智能申报的《防爆喷涂机器人通用技术条件》被纳入工业机器人子体系，广州机械院申报的《在线油液监测装置技术规范》被纳入识别与传感子体系。试点项目将通过建立健全标准体系、推动标准实施，促进标准化与科技创新、产业发展有机衔接，切实提高黄埔区高端装备制造业发展的质量和效益。

2021 年 4 月 2 日，广州市黄埔区科学技术局公布广州市黄埔区、广州开发区 2020 年度瞪羚企业和瞪羚培育企业认定结果，国机智能下属公司国机润滑和广研检测分别获得瞪羚企业和瞪羚培育企业认定。瞪羚企业是高成长中小企业的一种通称，具有成长速度快、创新能力强、专业领域新、发展潜力大等特点。“此次认定，是广州市黄埔区、广州开发区对两家下属公司发展的有力见证，是对我们前段工作的肯定，也将激励我们进一步开拓市场、提升自主创新能力。”黄兴说道。

中国正处于从“装备制造大国”迈向“装备智造强国”的转折中，在疫情常态下，中国智能制造行业也正处于重大变化和关键转折点。对于行业发展，黄兴有许多中肯的建议：“主机企业与现有国内优势机零部件生产企业通过兼并、资产重组及其他合作方式，整合供应链，结成战略联盟，这样企业既不用从零开始，又发挥了各自的优势，是符合国情的新路子；小企业进军智能装备与机器人领域需慎重，这些企业对高端机器人本体生产难度和风险分析不足，建议及早刹车规避风险；中小企业应走特色化道路，专注做好行业应用工艺的开发，做好用户体验感，做中国及世界的隐形冠军或单项冠军。”

文 / 周莹

获得的荣誉

- 广东省智能制造生态合作伙伴（2021）
- 全国抗击新冠肺炎疫情先进集体（2020）
- 全国先进基层党组织（2020）
- 广州市民政局认定AAA级社会组织（2019）
- 广州市中小企业服务站（2019）
- 联盟项目“广州市工业机器人产业发展环境研究”被确认为广州市科学技术成果（2019）
- 广州市黄埔区、广州开发区第一批人工智能入库机构（2018）

肖传兴

『黄埔有故事』讲述人

广州承葛生物科技有限公司董事长

- 广东省百名博士博士后创新人物（2021）
- 福建省第七批“百人计划”（2020）
- 厦门市青年联合会第十五届委员会委员（2020）
- 中国保健协会副理事长（2020）
- “网龙杯”第五届福建省“互联网＋”大学生创新创业大赛金奖（作品《承葛生物——精准化菌群移植领航者》）获得者（2019）
- 第五届中国“互联网＋”大学生创新创业大赛金奖（作品《承葛生物——精准化菌群移植领 航者》）获得者（2019）
- “网龙杯”第四届福建省“互联网＋”大学生创新创业大赛优秀指导老师（2018）
- 厦门市第十批“双百计划”领军型创业人才（2018）
- 获福建省科学技术进步二等奖（“乙型肝炎病毒新变异及临床治疗预测的研究”项目）获得者（2017）
- 厦门市科学技术进步一等奖（“乙型肝炎病毒新变异及临床治疗预测的研究”项目）获得者（2014）

- 成立于2016年的承葛生物以“整合微生态，复兴大健康”为使命，专注于菌群移植、微生态药物、肠道微生态有关技术和产品的研究、开发及产业化，是中国首家提供精准化菌群移植整体解决方案的高新技术企业。
- 承葛生物现已在新加坡建立东南亚研发中心，在厦门组建研发总部，在全国多个省市成立了子公司，具有完备的基因测序平台和专业生物信息分析团队。
- 秉持肠菌研发的独有优势，构建出以肠道微生态为靶点的预防、诊断、菌群移植治疗及愈后评估等一体化综合服务，不断为行业及世人赋予微生态健康定义。

承葛生物

全球精准化菌群移植整体解决方案践行者

医学博士的创业路

我们人体内住着数万亿个微生物，其中有中性菌、有益菌，也不乏有害菌，它们在身体中保持微妙的平衡。它们一旦失衡，人轻则闹肚子，严重起来就会生病要去看医生。最新研究把人体肠道微生物称为“人类的第二大基因组”，肠道微生物与人体疾病和健康的相关性研究已成为当今世界科学领域最前沿热门的研究方向之一。

而广州承葛生物科技有限公司（以下简称“承葛生物”）所研究推广的，就是近年来逐渐兴起的一项新型微生态医疗技术：菌群移植 (Human Microbiota

Transplantation，简称“HMT”）。这项技术实现的方式是将经过严格筛选的健康捐献者身体内的肠道菌群通过智能肠菌处理系统提取分离后制备成混悬液或胶囊，经过供体与受体配型后，再移植到患者肠道内，从而调节患者肠道微生态的平衡，使其肠道恢复健康，以实现相关疾病的治疗。

一个医生，要成立公司，将科研成果应用于市场，服务更多的病患，这个过程注定是艰难且曲折的。

出生于福建宁德的肖传兴，高考后进入福建中医药大学。5 年本科的中医临床医学的学习，让他对传统医学情有独钟。在厦门大学攻读博士学位期间，肖传兴对人体微生态产生了浓厚的兴趣，主导多项微生态与疾病相关课题。凭借优异成绩，肖传兴受聘于厦门大学附属中山医院，担任消化科主治医师。

年轻有为，学贯中西，有一份让人羡慕的体面职业，在家人眼中，肖传兴未来的人生道路已是非常理想、明晰了，所以肖传兴当时创业遭到了家人的反对。

肖传兴坦言，自己学生时期就是一个喜欢“折腾”的人。除了学习，他还积极担任校学生会主席、福建省学联副主席等职务。毕业后在主治医师的岗位上，肖传兴也承担了多项国家自然科学基金项目以及省市级科技项目。尽管获得了诸多荣誉，治愈了诸多病人，但肖传兴心里一直有一个结：医者仁心，自己苦读医书十几年，每天从早到晚问诊病人，却依然有很多患者的病症没有办法治疗，每天就算累到趴下，能治疗的患者也不过几十人。“当时心里一直憋着一股劲，自己想要尽全力去改变一些事。做一个医生只能治愈一部分人，而医疗技术的进步将能治愈大部分的人！”

于是，痴迷于菌群移植的他，决定全身心投入这项技术的研发、推广，以救助更多的病人。

创业前期长期频繁的出差，让肖传兴的家人渐生怀疑：为何做医生，出差会如此频繁？肖传兴只好坦白辞职创业的事。家人很是不解并反对，为何要辞掉这么好的工作？经过与家人的耐心沟通，肖传兴取得了家人的同意，开始了他的创业之路。

承葛生物能做什么？

创业是艰辛、孤独、痛苦的过程，创始人与核心团队都需要一个坚定的精神支柱。肖传兴不断地问自己："在漫长的历史长河中，每一个人只有短短几十年左右的时光，作为创业团队，我们要做些什么才能让自己的人生有意义？才能不负此生呢？"

2016 年，经过上市企业广州阳普医疗科技股份有限公司（以下简称"阳普医疗"）的推荐，肖传兴来到广州黄埔这个"企业家幸福感最强区"，承葛生物正式入驻阳普医疗孵化器，同时还在厦门成立了研发中心，结合厦门大学医学院微生态研究院的科研基础，开始将科研成果推向市场。

当初给公司起名时，"承葛"两字是肖传兴的钟情之选。承，取自"传承"；葛，取自"葛洪"。葛洪是东晋道教学者、著名炼丹家、医药学家，肖传兴希望通过科学技术手段，"传承葛洪之精华，守正医学之创新"。而"传承创新、知行合一、敬天爱人"的理念，也成为承葛生物的价值信条。

人类历史上采用菌群移植治疗疾病最早可追溯到 1700 年前的东晋时期，葛洪撰写的《肘后备急方》就有用人粪治疗人体疾病的记载，明代李时珍的《本草纲目》中也有相关文献。而西方国家最早在 1958 年也出现了采用菌群移植治疗伪膜性肠炎并成功治愈 3 例垂危患者的报道。

2013 年，菌群移植首次被美国食品药品监督管理局写入官方治疗指南。同年，《时代》杂志将其评为生物医学的十大突破之一。2017 年，"利用微生物组预防、诊断和治疗疾病"被美国克利夫兰医学中心评为年度十大医学创新之首。2018 年，广州市发展和改革委员会的一个审批，使菌群移植具有了正式的收费编码，这是中国将菌群移植定义为医疗新技术的一个里程碑事件，因为它同时具备了菌液制备和菌群移植技术两条收费编码。2019 年，国家卫生健康委员会发布《生物医学新技术临床应用管理条例》，将菌群移植归为中低风险生物医学新技术。2020 年，我国出台了《菌群移植标准化方法学的建立与临床应用中国专家共识》，2021 年上海市颁布了《关于印发上海市菌群移植技术管理规范（2021 年版）》，均证明菌群移植技术的应用与推广已经合规化。

此后，精准化菌群移植，在国内得到了越来越多的社会关注，并被广泛用于治疗各种疾病，包括多种抗生素和常规药物治疗失败的难治性疾病，如艰难梭菌感染、炎症性肠病、肿瘤、肠易激综合征、慢性便秘、自闭症、糖尿病等。

依托全球肠道微生态领域内众多的研究成果及多年临床应用和技术积累成果，承葛生物建立了国际首个精准化菌群移植治疗平台，并以该平台积累的临床数据和多组学数据为基础，形成上游供体招募及筛选—中游肠菌标准化分离及质控—下游菌群移植精准治疗与应用的完整核心竞争力。

早在 2017 年 12 月，承葛生物的智能肠菌液提取仪 TG-01 就已成功问世。这是国内第一台全自动化肠道菌群分离设备。它的出现，完全取代了原有手工分离操作，不仅使菌群分离更加方便快捷，增加了提取率，也极大地改善了提取环境。

传统微生物冻存都是使用甘油进行菌群保护，而人体吸入甘油会引起腹泻，为此承葛生物研发出不含甘油的冻存保护液。而通过特有的混合菌分离分层技术和混合菌长期冻存技术，结合首创的不含甘油的冻存保护液，菌群移植液在零下 80 摄氏度的一年冻存期之下，活菌比例达到 80% 以上，远超同业水平。

此前，国内外普遍是通过鼻肠管、内窥镜、灌肠等方式开展菌群移植，但此种方法操作烦琐，并且患者在置管过程中感到不适，给医生与患者带来极大的不便。经过研究，承葛生物推出了独有的活菌胶囊，胶囊的形式使得患者通过吞咽即可移植菌群，免去了传统菌群移植的复杂过程。目前，承葛生物是国内唯一一家提供活菌胶囊的企业，胶囊内菌群活性高达 80%，比传统冻干粉末活菌高出近两倍。

虽然可以通过口服胶囊的形式进行菌群移植，但这和传统吃药并不一样：每个病人都需要提供粪便样本进行肠道菌群测序来确定各种菌群状态。承葛生物根据患者的身体状况结合检测结果，匹配最合适健康供体的菌群后，才可进行移植。基于临床医学大数据，构建供体与受体数据库，从肠型、肠龄、菌群种属、有益菌、特征菌等多个方面进行匹配，实现个性化及精准化供体—受体配型。这就是承葛生物的核心下游产品“供受体配型服务”。

“菌”子之交，调控人体菌群平衡

在以往为数不多的采访资料中，肖传兴的脸上总是挂着温和的笑意，给人儒雅斯文的印象。他的语气平静且充满自信，但这丝毫没有掩盖他的坚持和魄力。无论是上台演讲，还是台下谈及过往的困难，他都显得云淡风轻，像一个大风大浪中临危不乱的舵手。

创业的过程虽然辛苦，但能帮助广大的患者，这让肖传兴感到幸福。

他曾利用菌群移植技术帮助过一对患有自闭症的双胞胎。治疗过程中，孩子们的妈妈很细心地记录着孩子们的变化。经过一系列的治疗，原本不愿意与陌生人接触也不愿意开口说话的孩子们，对着母亲叫出了“妈妈”两个字。那一瞬间，孩子们的母亲泪如雨下。肖传兴看到这感人的一幕，感到一股暖流流过心田，更激发了他“要做得更多一些”的信念。

肖传兴还曾遇到过一个肝癌病人。当时，病人是被搀扶着进医院的。经过诊断后，肖传兴告诉病人，菌群移植没法根治肝癌，只能减少放射治疗的副作用，改善身体免疫和提高生活质量。早在来这之前，这个病人就在全球各地寻遍名医，已经没有更好的治疗方式了。病人听完诊断意见后，如同抓住救命稻草般，下定决心，尝试了菌群移植。结果，病人的身体状况真的得到了极大改善。事后，陪同病人来治疗的好朋友，特地来感谢肖传兴。更令人惊喜的是，病人的朋友当场表示，愿意做肖传兴的天使投资人，而介绍病人去肖传兴处治疗的也是这位朋友，正是广州呼吸疾病研究所的周荣博士。广州呼吸疾病研究所是钟南山院士创立的。后来，广州呼研所医药科技有限公司成为承葛生物的股东之一，大力推动菌群移植技术的成果转化。

目前，承葛生物已与全国 28 个省市 300 多家三甲医院正式开展菌群移植项目临床应用合作，并获得 14 个省市医疗收费目录的批准。承葛生物以肠道微生态为靶点的整体解决方案，已获得国内外专利共计 80 余项，其中包括发明专利 15 项。在治愈疾病方面，承葛生物在全球首次使用菌群移植治疗乙肝大三阳患者，菌群移植后一年期的有效率高达 80.2%！此外，通过使用菌群移植，承葛生物已治疗超过 3000 人次的炎症性肠病患者，还有超过 200 人次自闭症儿童的病情得到缓解，这些“星星的孩子”通过治疗，学会打招呼，学会求助，并开始逐渐表达自己。

科技，是这个时代最大的公益

企业家的征途，是九死一生的过程。对一个医者来说，创业更是巨大的轨道转变。经营公司的各项基本技能都急需学习，还要面临来自运营、管理、技术、资金的挑战。幸好肖传兴有一群伙伴，这群伙伴有些有十多年的企业管理经验，有些有几十年的市场销售经验，在这些伙伴的帮助下，肖传兴步步前进。短短几年内，承葛生物开始爆发性的发展，这种发展速度与肖传兴的战略眼光密不可分。

菌群移植的临床研究也好，临床应用也罢，都离不开菌群库的建设。2012年，美国首家非营利性的菌库 OpenBiome 成立以后，全球就掀起了菌群库的建立热潮。承葛生物也不例外，肖传兴要在全国各地建立菌群数据库，每年就必须在技术研发上投入大量的人力、物力、财力。其中，最大的问题就是钱。由于计划投入资金过多，部分股东与肖传兴产生了分歧。但肖传兴坚持要做菌群数据库，最后双方进行成本核算，肖传兴将个人所有的财产投到公司里面。

2018 年 5 月，位于黄埔的承葛生物正式建成菌群库与微生态研发与治疗中心——华南菌群库。这个耗资数千万元的菌群数据库，也成为我国当时面积最

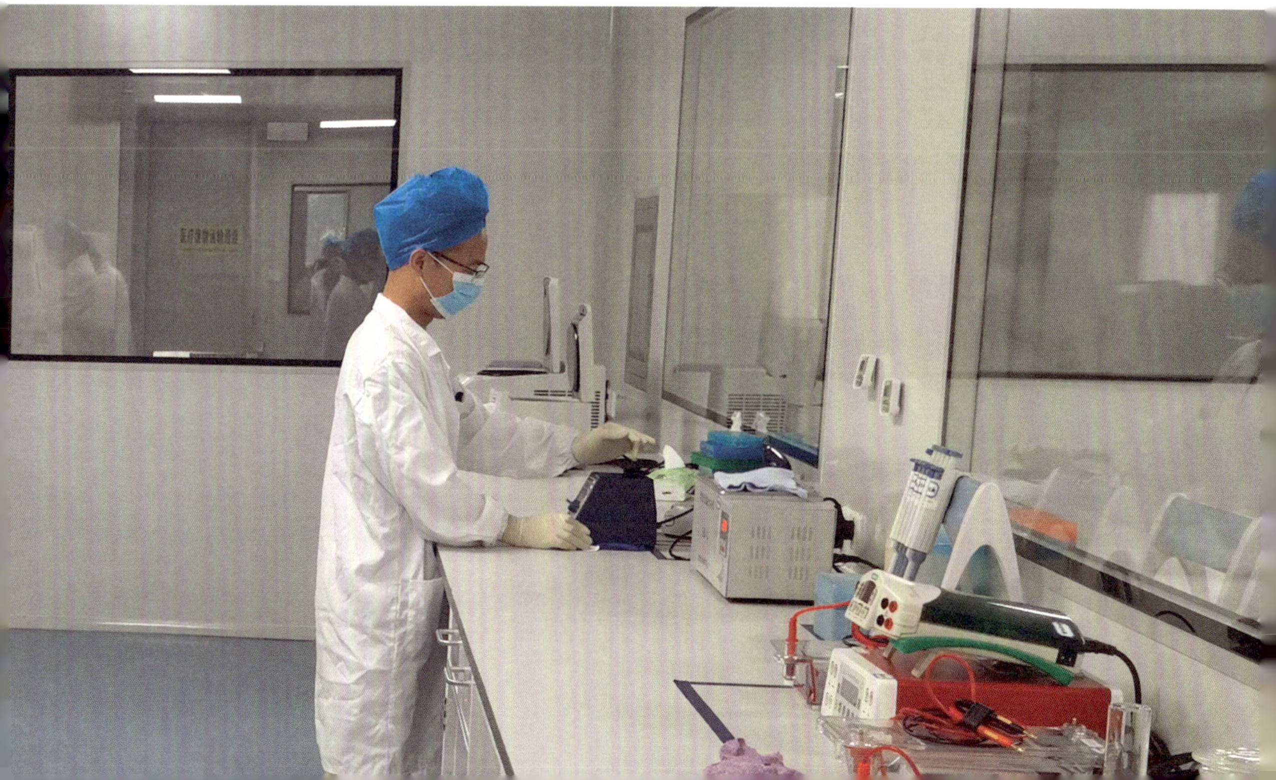

大、SOP（标准操作程序）流程最规范、标准最高、体系最完善的供体菌群库。

承葛生物的核心研发团队，除了肖传兴，还有来自哈佛大学、密歇根州立大学、香港中文大学、厦门大学等国际国内名校和知名研究机构的科学家，并与国际领先技术团队长期保持交流，承葛生物的科学顾问委员会由中美科学院院士、微生态学界泰斗等顶级专家组成。肖传兴也曾受邀担任过量子高科微生态医学研究院院长、厦门大学医学院微生态研究院常务副院长、消化病学研究海峡联合实验室办公室副主任、海峡两岸医药卫生交流协会消化专委会青年委员会副总干事兼委员、厦门市微生态与消化系统疾病重点实验室副主任等重要职位。

经过多年的沉淀和推广，承葛生物菌群移植的治疗方式逐渐被市场接受，菌群移植联合PD1治疗三阴性乳腺癌获得国家癌症中心的基金立项，已进入临床研究，多项全国多中心临床研究正在相继开展。“菌群移植产业化”还在2019年亮相中央电视台财经频道（CCTV-2）的《创业英雄会》节目。节目中，肖传兴向大众科普了什么是肠道菌群、肠道菌群与人体健康存在的关系、菌群移植的治病机理、菌群移植配套产品的来源，现场投资人表现出强烈兴趣。就在同年11月，承葛生物完成了Pre-A轮融资，融资总额达数千万元。

在肖传兴看来，科研和创业是一脉相承的。“国家提倡核心技术要掌控在我们自己手里，这样才有核心竞争力，而科学研究就是科技进步的始动力。”因此，肖传兴的奋斗之路，就是将科技成果转化为生产力，促进社会的进步与发展，致力做到“整合微生态，复兴大健康”。

面向未来的决心

突如其来的新冠肺炎疫情，对中国所有的企业和企业家都是一次成长的洗礼。借助政府更加积极的逆周期调控和产业政策，嗅觉敏锐的企业将抢占更多先机。承葛生物自主研发的微生态调节剂“常道膳元”，获武汉协和医院临床试验伦理委员会批准，正式进入临床助力新冠患者治疗。而承葛生物驰援各地价值100多万元的防疫物资，也在抗击疫情最艰难的时刻陆续运抵武

汉、宜昌、十堰、沈阳、成都、阜阳等多家定点医院，为患者和医护人员筑起微生态防护墙。

2020年10月，中国保健协会授予承葛生物“中国保健协会副理事长单位”的证书及牌匾，而肖传兴也成为该协会史上最年轻的副理事长。作为国家一级医疗卫生协会，中国保健协会副理事长单位的入会条件非常苛刻，作为一家年轻的企业能获此荣誉，是业界对承葛生物的最大肯定。

如今的肖传兴，每天的时间都被工作填满了。才34岁的他已是两鬓斑白。对他来说：创业，是一件虐心虐脑虐体力，但又让他热血沸腾的事情。但正如肖传兴所预期那样，创业后的他，不仅能够治愈更多的病人了，也有更多机会去攻克那些更为棘手的病症了。

过去几年，肖传兴见证了菌群移植产业是如何一步步发展的。这项技术，不仅在改变人们某些根深蒂固的观念，而且帮助人们逐渐形成新的健康生活习惯、生活方式。他很庆幸能够生活在这个时代。未来，肖传兴希望拿下全国市场，并且推动制定行业标准，做大做强微生态医疗健康产业，让菌群移植的科技力量，帮助更多的病人重获健康、享受人生，为健康中国“添砖加瓦”。

时至今日，肖传兴仍旧庆幸于当初定址黄埔的决定。广州市黄埔区、广州开发区三大战略性新兴产业产值占广州市比重均超过50%，2022年全区将实现IAB产业总规模超8000亿元，占全市八成比重，并且是全国唯一经国务院批准的知识产权运用和保护综合改革试验区，具备了开放式区域创新体系。

“黄埔的各类创新政策、良好的营商环境是我们创业者梦寐以求的。毫无疑问，这里是各个团队可以获得发展空间的广阔天地。现在，黄埔区提出将以创建国家级营商环境改革创新实验区、打造粤港澳大湾区营商环境示范区为目标，这些都给我们高新技术企业继续发展吃了定心丸！”

在肖传兴看来，黄埔，就是一座“离成功最近”的梦想之城。

文 / 张婧婧

获得的荣誉

- 第九届中国创新创业大赛（广东·广州赛区）暨第五届羊城“科创杯”创新创业大赛生物行业成长组优胜奖（2020）
- 中国保健协会第三届理事会副理事长单位（2020）
- 广东省高新技术产品（粪便分析前处理仪）（2019）
- 国家级高新技术企业（2019）
- 互联网药品信息服务资格证书（2019）
- 2018年广东“众创杯”创业创新大赛之博士博士后创新赛（企业组）银奖（2018）
- 2018年度“厦大—金圆创新创业基金”项目一等奖（2018）

李家康

『黄埔有故事』讲述人

广东康云科技有限公司联合创始人兼 CEO

- 汕头市机器人与智能制造研究院专家库专家（2019）
- 全国媒体融合技术创新实验基地技术顾问（2019）
- 广东省图象图形学会虚拟现实与智能交互专业委员会副主任（2019）
- 中国计算机学会会员（2019）
- 华南理工大学电子与信息学院工程硕士研究生校外指导教师（2019）
- 中国图象图形学学会会员（2018）
- 广东省图象图形学会计算机视觉专业委员会副主任（2018）
- 2017 年度中国智慧城市建设杰出人物奖获得者（2017）

- 成立于 2017 年 6 月的康云科技是一家以可视化应用、智能体验、多维引擎等为核心技术的高科技公司。
- 致力于人工智能（AI+3D）数字化自动建模技术的应用与实践，以实现“数字万物，万物互联”，赋能产业互联网。由 2D（二维）内容升级到 3D（三维）及至未来 4D（四维）实景，赋予人类视觉从 2D 到 4D 数字万物的跨越。

康云科技

引领人类视觉的 4D 跨越

以硬核技术享誉市场

新加坡华侨、剑桥大学博士李家康是广东康云科技有限公司（以下简称“康云科技”）联合创始人之一。自小接受西方教育的李家康在新加坡的一家世界 500 强公司工作过，也在英国创过业，由于受到广州朋友的邀请、看好广州充满潜力的发展环境，最终将自己的创业项目落地黄埔。

尽管康云科技成立时间不长，却已经多次凭借黑科技产品闻名海内外并多次获得国内外大奖。2017 年 12 月，在 2017 广东国际应用科技博览交易会的专场新品发布会上，康云科技推出了 4 款扫描设备以满足不同场景不同对象的扫描需求。而在 2018 海陆空盛筵暨中国（广州）国际游艇、房车、通用航空产业博览会上，康云科技又推出了高清智能交互式屏幕系列产品，进一步拓展了除电脑、平板、手机、LED 屏、VR&AR 设备终端之外的 3D 内容展示通道。站在屏幕前方，用户通过体感、手势、触摸、语音、眼球移动等多种方式就可以与内容交互，该屏幕同时还能更新软件和内容，支持内容排版与排期、广告制作与播放。

基于智能 3D 扫描技术、实时建模渲染、图片高压缩率与无损还原、大数据后台管理、多平台分辨率智能自适应、秒开体验等技术集成，康云科技成功研发出了“多维视觉 AI 导购系统”，有了这一技术的加持，用户不仅可以通过实景 3D 或者 AR 产品 360 度无死角观看产品，还能通过体感、手势、触摸、语音、眼球移动隔空操作的交互体验模式促进与产品的互动，并通过加载透视、爆炸、变形金刚、流体等特效近乎真实地还原场景，改变用户对世界的“看”法。

人工智能云端渲染压缩算法——数据的高压缩与无损快还原呈现是多维视觉 3.0 的关键技术之一。康云科技运用独有的算法和技术，可在保真保质图像数据的情况下将图片存储空间压缩至最低。这样，压缩后的图片不仅可以快速打开、无损还原，展示成果还可以基于网址链接打开，甚至还可以跨平台进行

展示，智能适应各种设备屏幕的分辨率。通过运用 AI+3D 深度学习神经网络构建的 3D 超高精度的模型，康云科技大幅降低了三维模型的建模时间，解决了传统 3D 模型制作成本高昂、内容体积大、不方便传播展示等痛点问题，真正实现了全自动化、智能化的模型重建，以及跨平台高保真的三维内容展示。

康云科技能够在核心技术上取得突破，离不开团队成员的共同努力。基于团队核心成员大都是来自剑桥大学、清华大学、北京大学、深圳大学、华南理工大学的博士及硕士，康云科技具有较深厚的学术研究背景和较强的工程实践能力。基于强大的人才优势，康云科技在伦敦、新加坡等地也设有研发分部及联络处，拥有业内高水准的技术研发能力。康云科技新加坡公司获得了淡马锡控股公司 3000 万新加坡元的投资。

目前，康云科技团队已经拥有数百项领先的图像计算处理技术和千亿规模大数据计算能力。康云科技掌握了虚拟现实领域中视觉算法、3D 动作捕捉及控制、交互体验等入门基础技术，十分注重知识产权保护。截至 2020 年 10

设备系列

SCANZ 3D PRO

Depth Range: 12 m. RGB Resolution: 20/40 MP.

SCANZ 3D ENTERPRISE

Depth Range: 50 - 100 m. RGB Resolution: 160 MP.

月，康云科技累计申请国内外专利 531 件，其中已获得授权的有 127 件，为各行业实景可视化操作系统的打造赋予了科技实力的保障。李家康说："我们拥有拍摄、计算、操控、展示全系列的软硬件产品，已经申请了 530 多项国内外专利，未来伴随物联网和 5G 数据的分发，技术迭代还将进一步提升。"

康云科技的物件模型精度 1 ：1 复刻克隆精度高达 0.01mm，单帧点云生成 5sec 单个物件模型生成（最快）2~5min，比传统建模效率提升 1500%，每天可扫描模型数量达 220 个。不仅贴图细节栩栩如生，成果输出的格式也多样。基于智慧城市等方面的应用与实践，康云科技的空间建模具有扫描速度快、扫描范围广、云边协作，以及建模效率高等特点，航拍建模也已经实现了高精度定位、高像素、快门全驱技术、定时曝光等优势，高效赋能各行业实景可视、数据可通、服务可控、应用可信。

除了对现有技术、设备进行不断迭代优化之外，康云科技正在研发各类先进技术，满足未来的企业发展，重点方向包括人体扫描仪、空气成像屏、手机扫描技术等。这些产品一旦投入生产应用，医学、教学、服装定制、游戏、影视制作、展示等领域将产生爆炸性的变革。

可视化服务让生活更美好

掌握核心技术能够让企业在发展中更加具有竞争力和主动性，经过更新迭代以及技术的优化，康云科技已经实现了 AI + 4D 的实景可视化操作，在大量的测试与验证之后，康云科技的产品已经可在 AR、VR、MR（混合现实）、4D、多维交互、线上线下等浏览体验与应用，为智慧城市、警务应用、应急处突、电网水利、会展电商、文博旅游等领域都进行了数字化赋能。

随着数字中国成为国家大力推进的建设方向，康云科技也进一步提升了自主研发能力，并且逐渐将服务项目向智慧城市、智慧警务、智慧交通、智慧电网、智慧医疗、智慧文旅等领域拓展，为社会生活带去更多便利与可能。

伴随网络帝国的崛起、移动技术的融合发展以及创新的民主化进程，知识社会环境下的智慧城市是继数字城市之后信息化城市发展的高级形态。3D

多维展示

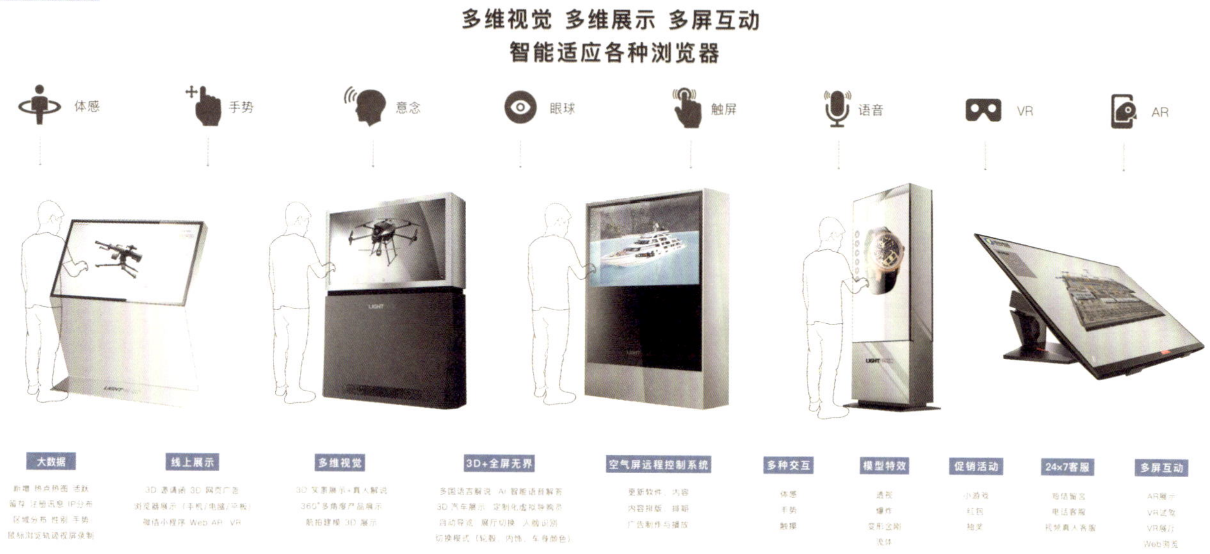

城市模型在展示智慧城市方面有其得天独厚的优势，能够以虚控实、洞察态势、科学决策、智能操控，特别是在城市规划、国土资源的规、建、管方面，展示效果令人震撼，视觉风格不仅具有科技感，时空也可以得到全方位展示，真实直观。有的时候一幅图像就能胜过千言万语，直观立体的方式能赋予领导者敏锐的洞察力。相对于二维地图，在云上城市的管理体系中，倾斜摄影模型更加真实地反映地物的实际情况，能让用户从多个角度观察地物，弥补基于二维地图及传统虚拟三维模型应用的不足。

以康云科技成功打造的“云上南山”为例，通过实时接入南山区科技生态园区 IoT（物联网）设备、资产、能源、设施及环境等信息，康云科技建立了基于南山区科技生态园区实时运行状况的数字孪生场景，实现了南山区科技生态园区数据的全量集成、管理的可视分析、业务的闭环联动、决策的仿真模拟，开创了智慧生态园区的立体多维管理新模式，重塑了南山区科技生态园区管理与服务模式。

有了可视化的操作系统，城市在社会治安管理、安全防范、道路交通数据统计、运营协调、应急指挥处置等方面，都变得更加智能。依托 AI + 3D 场景建模技术，公安系统可以自动化实现 2D 平面与 3D 立体的转换，高精度还原反恐重点目标的真实场景，从而实现反恐重点目标基础信息采集应用的可视化、智能化、标准化，达到“四标四实”（标准作业图、标准建筑物编码、标准地址库、标准基础网格、实有人口、实有房屋、实有单位、实有设施）基本信息的联查与搜索，为反恐重点目标和重点关注人群立体化、直观化管控管理提供可靠基础。

此外，数字孪生还给予了泛在电网新的视角和管理手段。为响应“三型两网建设”、数字电网一张图管理，康云科技可以将变电站进行三维场景扫描，对模型空间做可视化管理，记录电网的每个细节特征，建成一个可 360 度自由导览、沉浸式漫游的线上场景，有机衔接电网的物理空间与数字空间，实时进行无人巡检、无人巡视，真正将劳动力解放出来。

除了各种智能化工作场景的应用，“AI+”技术还可以让人民群众更易享

受到科技带来的实惠。例如，在3D智能医疗应用场景中，可视化的图像呈现对于用户真切体验智能导诊、康复训练、健康管理，以及有效减少医患纠纷等方面就有着不可替代的作用。

在这样一个多维视觉、智能展示的交互时代，康云科技还将着眼于图像处理、计算机视觉、光学成像、机器学习、数据挖掘等技术，赋能产业互联网由2D内容升级到3D及至未来4D实景，赋予人类视觉从2D到4D数字万物的跨越，以“整体认知”“人工智能”“全局协同”共推数字经济发展。从而引导、实现资源的快速优化配置与再生、重塑经济可持续发展的新模式。

拥抱智能制造新时代

随着社会的不断发展和生活节奏的加快，如今的客户倾向于使用更加彰显个性的定制化产品，希望生产商能够快速响应需求。如何通过更高效的布局、更智能的生产、更智慧的协作构建稳健的供应生态需要深入的关注与思

考。当前世界正面临百年不遇的经济转型，第四次工业革命热度空前，智能制造站上了风口，并且在不断推动形成新的生产方式、产业形态、商业模式。中国也以加快新一代信息技术与制造业深度融合为主线，以智能制造为主攻防线，努力从制造大国向制造强国转型。在这样的历史机遇期，康云科技积极拥抱变化，以更为高效的供应链体系全面提升产业竞争力。

智能制造的本质是技术与应用场景相结合，其实现需要多个层次上技术产品的支持。工业物联网、云计算、工业大数据、虚拟现实和人工智能等技术的配合可以推进供应链交付智能化、工厂智能化和物流智能化，以构建生态圈共同打造端到端智能化。

身处广州实体经济主战场、科技创新桥头堡的广州市黄埔区、广州开发区，康云科技也深受开放包容、创新科技的环境影响，基于对行业变革、技术演进深入的研究和理解，持续通过核心技术推动智能变革，并且在政府部门的协同帮助下不断走向更高阶。

为了更高效地进行市场化激励，提高科技成果产业转化的质量，广州近年在培育创新创业体系中取得了长足的进步，着力助推智能制造，聚焦优势行业领域，培育壮大创新主体，集聚创新创业人才，对接多层次金融服务，拉近企业与资本距离，减少“信息不对称”问题。

2017年以来，广州大胆探索创新体制机制，通过“以赛代评”的方式将广州市科技型中小企业技术创新专题与中国创新创业大赛（广州赛区）深度融合，探索“赛马场上选骏马”的市场化评选机制。大赛结果直接决定补助对象和额度，每年拿出近1亿元用于奖励大赛优胜企业，最高奖励达200万元。康云科技就在2019年第八届中国创新创业大赛中取得了卓越的成绩，凭借扎实的产品和技术获得了先进制造行业成长组广州赛区第1名、广东赛区第1名、全国总决赛第1名，成为该项赛事史上首个“连中三元”的状元郎。

一方面，各类科技型企业齐聚一堂以实力比拼，创业者可以从复杂的申报流程、繁复的证明材料、非专业的财务监管中解脱出来，还能够充分发挥企业创新主体和市场的导向作用，有效激发市场活力；另一方面，知名风投创投机构投资人以及相关领域高校科研机构的技术专家组成的评委，更能充分发挥投资人贴近市场的优势，利用“市场之眼”发掘优质创新创业项目。

企业的发展除了要解决资金难题，在材料申报、路演、项目打磨等各方面都需要指引，这种独特的双创赛事通过“全链条全流程”服务全面赋能企业，政府不仅站在服务者的角度上提供企业所需的服务，还会就人才引进、投资方面给予指导。

人才是企业最大的资本，为了留住人才，发挥人才的最大价值，广州近年来频繁尝试通过制度突破，增强对人才的吸引力。例如，广州为中国海外人才交流大会量身定制了“红棉计划”，符合条件的人才将享受项目资助、创业融资、创业孵化、知识产权保护、税收优惠、采购扶持、人才保障等待遇。从基础设施、资金、安居等各方面给到人才应有的激励。

正是在广州完善的服务政策影响下，康云科技不断在人才力量、黑科技方面取得突破。作为康云科技的联合创始人及CEO，李家康也早已适应了在岭南生活，并且非常看好广州依托粤港澳大湾区的经济发展环境，所以毅然坚持在广州创业。2019年，康云科技迁至广州市黄埔区、广州开发区科技企业加速器园区，集办公、展厅、工厂为一体，使用面积达4600多平方米，更加专注于三维数字化建模事业。

说起与广州的缘分，李家康笑着介绍说，刚来广州的时候对富商是存在偏见的，以为他们都很娇贵，但在一次与中国商人洽谈项目时，他看到身家千万的合作伙伴依然乘坐普通出租车、背着寻常双肩包出行，深深受到了广州务实的氛围影响，这种由文化造成的认知偏差，是他来华创业经历的“第一关”。

如今的李家康对广州的喜爱更多了，他很喜欢24小时无眠的城市，广州恰好就是一个不夜城，而黄埔又处处涌动着创新进取的氛围，并且基础设施的建设也越来越完善，即使加班到深夜2点，他也随时能找到吃夜宵的场所。虽然康云科技成立的时间不久，但是已申请美国及中国发明专利、实用新型专利、外观设计专利、计算机软件著作权及商标等530多件，已获得授权专利120多件。

随着5G技术的普及，李家康对于未来更加充满期待，他说：“5G技术发展带来的将是内容生产商的革命，未来5G超大宽带的来临或将带动新一波技术革命内容创新。”从航拍到街景，以前传统的人工建模模式不可能展示3D城市构造；但在5G时代，人们将可以看到更快的速度、更精准的模型、更超大的模型。

对于康云科技而言，未来整个城市的管理不仅只是一个模型，它还是具备各个传感器传输的实时数据，再通过视频融合、数据打通各应用，在5G时代创造出的新“物种”。“未来的数字空间，不管是室内室外，可以造就另一波内容革命，这绝对是一个金矿、一份藏宝图。”李家康的信心建立在康云科技的实力上，也建立在时代的趋势上，相信康云科技未来还会在黄埔创造更多的奇迹。

文 / 李桐

获得的荣誉

- 高新技术企业（2020）
- 歌华传媒杯·2020北京文化创意大赛华南赛区广州市分赛区二等奖（2020）
- “粤动大湾区，5G创未来”广东移动首届5G个人应用创新大赛三等奖（2020）
- 中国创业企业新苗榜年度新锐企业（2020）
- 2019全国移动互联创新大赛（大湾区）社会组一等奖（AI多维视觉展示·智慧城市）（2019）
- 第八届中国创新创业大赛优秀企业（成长组）（2019）
- 第八届中国创新创业大赛先进制造行业全国总决赛成长组一等奖（2019）
- 第二十一届中国国际高新技术成果交易会优秀产品奖（2019）
- 第八届中国创新创业大赛（广东赛区）暨第七届“珠江天使杯”科技创新创业大赛成长企业组先进制造行业一等奖（2019）
- 2018 IEBE Awards（互联网新商业大奖）极具价值AI新商业应用奖（2019）
- 第八届中国创新创业大赛（广东·广州赛区）暨第四届羊城“科创杯”创新创业大赛互联网行业初创组优胜奖（2019）
- 第八届中国创新创业大赛（广东·广州赛区·荔湾）暨第四届羊城“科创杯”创新创业大赛先进制造及人工智能行业赛成长组第一名（2019）
- 第九届粤港物联网大赛“最佳物联网应用奖”（“全球首创人工智能AI+3D自动化建模与展示技术”项目）（2019）
- 第二十二届中国国际软件博览会优秀案例（2018）
- 第七届中国创新创业大赛优秀企业（初创组）（2018）
- 产学研合作创新奖（2018）
- 第七届中国创新创业大赛（广东赛区）暨第六届“珠江天使杯”科技创新创业大赛初创企业组先进制造行业一等奖（2018）

李海明

『黄埔有故事』讲述人

广州粤芯半导体技术有限公司市场及营销副总裁

●广州市黄埔区、广州开发区、广州高新区 2021 年第一批精英人才（2021）

- 粤芯半导体是广东省本土自主创新企业，也是广东省目前唯一进入量产的12英寸芯片生产平台。
- 粤芯半导体以“定制化代工”为营运策略，以市场需求为驱动，加上政府政策推动，坚持以产品为中心，定义差异化技术平台，专注于物联网、汽车电子、工业控制、5G等应用领域，致力于满足国产芯片制造需求，助力广东打造集成电路“第三极”。

粤芯半导体

以卓“粤”速度，创“芯”未来

“不可思议”的粤芯速度

“广州粤芯半导体技术有限公司（以下简称‘粤芯半导体’或‘粤芯’）的发展速度真是非常快，非常不可思议啊！”2019年7月10日，国家集成电路产业投资基金总裁丁文武等一行观看了粤芯大事记的视频，不由得发出阵阵感叹。

作为粤芯半导体从一片荒地到拔地而起的见证者，丁文武是最有发言权的。在丁文武前后两次参加广州半导体行业圆桌会议的时间里，粤芯半导体已基本完成所有土建结构、净化间、设备搬入及调试。丁文武表示，中国芯片已进入高速发展的时代，粤芯速度给其他半导体企业带了个好头，值得这个行业学习。

自2018年3月打桩，经2018年5月动工、10月主厂房封顶和2019年3月设备入厂，6月生产设备调试完毕开始投片，再到2019年9月20日两个工艺平台开发完毕、通过可靠性验证，并开始爬坡“量产”，粤芯半导体以短短18个月时间实现了从无到有到投产的进程，创造了“广州速度”“黄埔速度”“粤芯速度”，成功赶超海内外业界同行。

坐落于黄埔区中新广州知识城内的粤芯半导体，是国内第一家以定制化代工为营运策略的12英寸芯片制造企业。2019年9月，随着粤芯半导体的正式投产，广州先进制造业“缺芯”的历史改写。

粤芯半导体是广州第一家，也是广东目前唯一一家进入量产的12英寸模拟电路芯片生产企业。粤芯半导体的市场定位是以产品为中心、定义差异化技术平台，李海明总结道：“粤芯半导体专注高端模拟芯片制造，目标满足国产芯片制造需求并解决部分进口替代问题。”

自成立以来，粤芯半导体就进入发展的加速模式，荣获“18个月从无到有

到量产的广州首芯”称号，以短短 18 个月时间实现了从无到有到量产的进程，远远快于常规 12 英寸晶圆厂的建设时间。粤芯半导体是怎样用短短 18 个月的时间实现这一切的？

在接受记者采访时，副总裁李海明表示：“粤芯半导体能实现这样的加速度，是与省、市、区各方的大力支持分不开的。”

李海明表示广州开发区给予他们很好的信任审批，大大缩短了审批时间。

“各方的大力协助为我们创造‘粤芯速度’提供了坚实保障。”李海明说。

粤芯半导体项目建设过程中，得到了国家、省、市各级领导的关心和指导。领导和专家纷纷为粤芯半导体“18 个月的建设速度”而惊叹，为粤芯半导体“务实有远见”的市场定位而赞赏。

除了以上这些，在人才方面，李海明认为省、市、区各级人民政府也给了他们很大的帮助。如在人才招募上，广州市的一些人才政策对粤芯半导体吸引各地人才起到很大的作用，尤其是海外或省外的人才。

当然，粤芯半导体的快速建成并投产，也反映出广东对芯片制造企业的热切期盼。一直以来，珠三角地区都是国内最大的芯片消费市场，但芯片制造却是空白，粤芯半导体的落地刚好填补了广东在芯片制造上的空白。

粤芯半导体项目的投产，不仅加速广东广州打造新一代信息技术产业集群，促进海内外高端技术和人才的集聚，更将推动粤港澳大湾区集成电路产业强势崛起，为集中力量攻克半导体领域“高精尖”技术奠定基础，从而进一步提升国家信息安全水平，为实现“中国芯”的崛起贡献湾区新力量。

立足广州，辐射全国，放眼未来

2017 年李海明来到广州，这是他人生中非常大的转折点，也是一个新的开始。

粤芯半导体成立的时候所看到的契机是，2017 年国内进口芯片总值超过 2601 亿美元，是当时国内进口石油总值的两倍以上。那个时候，国产芯片与进口芯片的市场份额差异极大。国内是芯片需求最大的地方，并且使用进口芯片最多的地方就是广东。

以广州作为起点，沿珠江一岸看去，往南边经过东莞再到深圳，这条广深科技创新走廊，承载了国内最大量的消费型电子的开发、生产和组装。再往珠江另一岸看去，经过佛山、中山，再往南边到珠海，这其中承载了国内最大量的白色家电以及中小型家电的生产。

在这些电子产品不断进行升级、不断提高自身竞争力的时候，就需要芯片。这就促成了粤芯半导体在广州市黄埔区的落地。

李海明坦言，在来到广州之前，他也考察过上海、深圳这些地方，但是当时他被一句话吸引了——广州位于粤港澳大湾区的顶点，这里非常紧密地跟全中国最重要的市场尤其是电子产业的市场以及组装地结合。

在粤港澳大湾区里，深圳、珠海、香港、澳门在半导体领域有多年基础。其中，深圳拥有的芯片设计产业规模占全国的 30%，全国十大芯片设计企业有 4 家在深圳；珠海于 2002 年就初步形成了芯片设计、制造、封装测试、系统应用的芯片设计产业链，2017 年芯片设计服务收入 46 亿元；澳门大学的模拟与混合信号超大规模集成电路国家重点实验室，更是粤港澳大湾区唯一的微电子国家重点实验室。

反观广州，当时 2018 年全市芯片制造和电子电路制造产值为 162 亿元，18 家芯片设计代表企业营业收入达 10 多亿元。据广州市工业和信息化局提供的企业统计数量，截至 2021 年，广州有 60 家集成电路企业，其中 35 家分布在黄埔区。

而且广州市半导体产业链一直缺少芯片制造这一环节，上游芯片设计企业必须向外寻找芯片制造产能。“如果说芯片设计是半导体产业的‘灵魂’，那么晶圆加工就是‘血肉与骨骼’，没有芯片制造，再好的芯片设计也只能停留在设计图纸上。”广州市半导体协会秘书长潘雪花坦言，“在整个半导体产业链上，解决芯片制造将是突破技术瓶颈的关键，广东省是芯片需求大省，但另

一方面芯片制造产能显得尤为不足。”

在半导体产业，广州前期跑得很慢，但如今正在奋起直追。

广州针对半导体产业，特别芯片制造，加大了扶持力度并予以政策倾斜；针对芯片设计、封装测试等产业环节，动用更多科技金融、产业基金等“看得见的手”解决融资难问题，鼓励更多企业参与发展。同时，半导体高端人才在全球炙手可热，广州既能培养出好苗子，又能留得住人才，更要吸引高端人才进来，这需要围绕半导体产业特点，制定个性化人才政策。

《广州市加快发展集成电路产业的若干措施》提出，广州以黄埔区、广州开发区为核心，计划通过实施七大工程，涵盖芯片制造提升、芯片设计跃升、封装测试强链、配套产业补链、创新能力突破、产业协同发展、人才引进培育等，力争到2022年，建成全国集成电路产业集聚区、人才汇聚地、创新示范区。

广东省人民政府2020年2月13日印发的《广东省加快半导体及集成电路产业发展的若干意见》中指出，将重点推进模拟及数模混合芯片生产制造，而粤芯半导体正专注这类产品和工艺。

粤芯半导体在广州实现晶圆制造，实现了从芯片设计、制造、封装测试再到终端应用投放市场就地完成，将大大节省成本并把握市场需求。

广东是中国集成电路产业发展的大省，具有较好的产业资源和发展基础。在巨大市场需求的带动下，广东（主要是珠三角地区）成为我国集成电路产业主要分布地区之一。粤芯半导体项目是广东省首个实现量产的12英寸晶圆厂，在推动广州市乃至广东省经济高质量发展方面具有重大战略意义。

半导体产业链包含了芯片设计行业、芯片生产行业，以及各类芯片应用行业。粤芯半导体的到来，将上下游联系在一起，才真正地把广州的“芯”补上了。

“从政府扶持得益的同时，我们也没有忘记为什么来到这里，我们希望国际化的芯片企业能够在这里落地，跟这里的产业链结合。”李海明说。

2018年6月3日，广州市半导体协会成立。粤芯半导体当选为协会会长单位，粤芯半导体的加入填补了制造环节的空白，把广州的设计公司、封装测试厂集结到一起，并且将学校单位、研究单位串联在一起，为广州市半导体产业的发展提供助力。

2018 年底，粤芯半导体牵头成立了粤港澳大湾区半导体产业联盟，呼应了《粤港澳大湾区发展规划纲要》，联结了深圳、珠海、香港、澳门的半导体协会及微电子协会，并且成为联盟首任理事长单位。

随着粤芯半导体 2019 年实现量产，可以将国产芯片导入国有芯片行业，让国产的芯片真正取代进口芯片，让粤芯半导体在这个产业链上做更好、更稳定、更有效率的产品开发以及市场支持。

卓“粤”创“芯”，成就未来

集成电路，又称“芯片”，是绝大多数电子设备的核心组成部分，被誉为“工业粮食”。芯片不仅在智能手机、电视机、计算机、汽车等电子设备方面得到广泛的应用，在军事、通信、遥控等方面也不可或缺，是 5G、人工智能、物联网、自动驾驶等必不可少的基础。

在李海明看来，芯片其实是促进实体经济以及制造业升级的核心，相当于汽车的发动机。芯片制造又是世界上最为复杂的制造业。如采用了 20 纳米工艺的苹果 A8 手机芯片，就在不足指甲盖大小的空间里，包含了 20 亿个晶体管结构，内部犹如一座超级城市。所以，芯片被业界认为“集人类超精细加工技术之大成”。

那么一块小小的芯片，是如何诞生的呢?

李海明告诉记者：“芯片制造是‘点沙成金’的奇迹，分五步走。”

第一步是打造“地基”——晶圆。硅是芯片最重要的基础材料，制造芯片，首先要从二氧化硅中提炼出高纯度的硅晶体，制成硅锭，再切割成薄脆的圆盘形状，抛光后形成晶圆，这相当于芯片的“地基”。

“晶圆尺寸越大，在同一圆片上生产切割的芯片就越多，但同时对材料技术和生产技术的要求也会更高。目前，粤芯半导体主要生产 12 英寸晶圆。”李海明说道。

第二步是光刻。由于芯片内的距离以纳米为单位，在这么小的范围内布一根根超细的电线是不现实的，所以芯片制造需要用到光刻工艺。

第三步是掺杂，即通过离子注入，赋予硅晶体管的特性。

第四步是薄膜沉积，通过化学或者物理气相金属沉积，再重复光刻和蚀刻工艺，进行金属连接。

第五步是封装与测试。

在2020年春节防疫期间粤芯半导体扩产不减速为经济保卫战贡献“粤芯力量”。李海明表示：“春节期间，粤芯半导体没有停工停产，一直保持正常有序的生产状态，只为按时保质保量完成客户订单，加快释放产线产能。”

在严抓疫情防控的同时，粤芯半导体还做到“扩产建设不减速”。公司积极响应党和国家关于推进疫情防控和经济社会发展工作号召，科学防控，保持有序加速生产，在2020年迎难而上逆势扩产。据悉，2020年2月28日，粤芯

半导体决定新增投资 65 亿元，专注于 65~90nm 模拟工艺平台，生产高精度数模转换芯片、高端电源管理芯片、生物传感芯片等产品。

“是广州开发区在招商引资上的强劲力度和良好的营商环境，给了我们扩产不减速的信心。”李海明说道。

“自粤芯半导体落户以来，黄埔区（广州开发区）税务局主动服务，对于公司适用的相关政策、申请操作等更是给予一对一的‘把脉式’指导及建议，为公司更好地作出企业发展决策提供了帮助和参考。我们还符合 2018 年出台的集成电路企业享受企业所得税‘五免五减半’的优惠政策，2019 年公司及时享受到了深化增值税改革降税调整政策，税额减少近 1 亿元。”李海明回忆道。

人才是第一资源，芯片是人才密集型产业，引进人才才能带来技术。不仅是粤芯半导体，集成电路产业创新园区内的其他企业也是看中了广州的市场需求、人才资源，以及广州开发区的营商环境和企业扶持政策等，才纷至沓来。

据悉，自2018年粤芯半导体动工建设以来，已有100家集成电路企业链企业慕名前来考察，50多家企业在黄埔区注册落地。这些项目涵盖设计、封测、设备、材料的上下游产业等多个领域，构建了以粤芯半导体为龙头，集“芯片设计—晶圆制造—封装测试—终端应用”为一体的全产业链生态圈。

粤芯半导体在粤港澳大湾区的投产，不仅填补了大湾区缺芯的短板，还把整个产业链的上中下游，从芯片设计、芯片制造、芯片封装测试到芯片应用，全部链接和打造起来，形成所谓的“一日产业圈”，这在以前是做不到的。

比如，广东以前有芯片设计企业，有封装测试企业，但芯片制造企业不在本地，这对终端客户或芯片设计的客户来说就是一种挑战，会令他们在试错过程中耗费很长时间，从而导致无法满足新一代信息技术蓬勃发展所需的高强度、高速度的竞争。

未来，粤芯半导体将在12英寸晶圆生产线上，一步一步把模拟芯片做得更专更精，助力广州以及粤港澳大湾区的半导体产业链发展，通过不断创“芯”，为各类客户服务。

未来，粤芯半导体希望和大家一起见证广州成为全产业链都有创新发展的科技示范区。

文 / 陈淑文

获得的荣誉

- 广东省高新技术企业（2020）
- 中新广州知识城海丝校企创新创业联盟单位（2020）
- ISO14001环境管理体系认证（2020）
- ISO45001职业健康安全管理体系认证（2020）
- 广州开发区知识产权服务工作站（2020）
- ZETA中国联盟创始会员单位（2020）
- ISO9001质量管理体系认证（2019）